타임라인으로 보는 지식 대백과
3 우주

앤 루니 글

바이얼릿 타바코 그림

이강환 옮김

태초부터
마지막 개척지까지

타임주니어
TIME JUNIOR

표지를 살펴볼까요?

표지에 있는 그림이에요. 책 속에서 자세히 살펴보세요!

① 아폴로 11호의 달 착륙: 90쪽, 97쪽
② NASA의 수학자 캐서린 존슨: 97쪽
③ 행성상 성운: 85쪽
④ 우주 비행사 발렌티나 테레시코바: 92쪽
⑤ 인공위성 스푸트니크: 86쪽
⑥ 천문학자 니콜라우스 코페르니쿠스: 27쪽
⑦ 주계열성: 73쪽
⑧ 적색거성: 73쪽

타임라인으로 보는 지식 대백과
3 우주

2024년 11월 27일 초판 1쇄 발행
글 앤 루니 | 그림 바이얼릿 타바코 | 옮김 이강환
편집인 이현은 | **편집** 서재훈, 이호정 | **마케팅** 이태훈 | **디자인** 허문희
제작·물류 최현철, 김진식, 김진현, 심재희

펴낸이 이길호 | **펴낸곳** 타임주니어
출판등록 제2020-000187호 | **주소** 서울시 강남구 봉은사로 442 75th Avenue 빌딩 7층
전화 02-590-6997 | **팩스** 02-395-0251 | **전자우편** timebooks@t-ime.com | **인스타그램** @time.junior_
ISBN 979-11-93794-91-3(74000)

타임주니어는 (주)타임교육C&P의 단행본 출판 브랜드입니다.
• 책값은 뒤표지에 있습니다. 잘못 만들어진 책은 구입하신 곳에서 바꾸어 드립니다.

Visual Timelines: Space
Written by Anne Rooney and illustrated by Violet Tobacco
Copyright © Arcturus Holdings Limited
www.arcturuspublishing.com
All Rights Reserved.
Korean translation rights © 2024 TIME EDUCATION C&P
Korean translation rights are arranged with Arcturus Holdings Limited through JMCA Agency Korea.

어린이제품 안전특별법에 의한 기타표시사항
제품명 양장 도서 | **제조자명** 타임교육C&P | **제조국명** 대한민국 | **제조년월** 2024년 11월 | **사용연령** 7세 이상

차례

들어가며

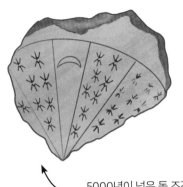

5000년이 넘은 돌 조각에 기록된 별과 달의 무늬에서 밤하늘에 대한 조상들의 관심을 엿볼 수 있다.

우리가 올려다보는 밤하늘에는 밝게 빛나는 점들이 가득하고, 둥근 원에서 은색 손톱으로 모양이 바뀌는 달도 떠 있어요. 수천 년 전, 우리 조상들은 우리와 같은 광경을 보고 우주에 대해 생각하기 시작했죠. '밝은 점들은 얼마나 멀리 떨어져 있을까? 왜 어떤 것은 다르게 움직일까? 달은 무엇일까? 태양은 무엇일까?' 지금은 이런 최초의 질문에 대한 답이 나온 지 한참이 지났지만, 여전히 사람들은 우주에 대해 질문하고 있어요.

시간과 공간

수천 년 전, 사람들은 우주에 대해 생각하기 시작했어요. 우리는 그들이 남긴 물건과 그림, 건물을 바탕으로 그들이 품었던 생각 중 일부를 알 수 있죠. 전 세계에서 다양한 사람들이 일 년 중 낮이 가장 긴 날의 일출이나 별의 위치와 같은 천문학적 사건에 맞춰 유적을 만들었어요.

이집트 납타 플라야의 돌 배열은 일 년 중 낮이 가장 긴 날인 하지를 나타내고 있다. 6000여 년 전에 만들어졌다.

공통된 지식

전 세계 여러 문화권에서 사람들은 같은 발견을 했고 우주에 관해 비슷한 생각을 하고 있었어요. 그들은 달과 지구가 둥글다는 사실을 발견했고, 별은 멀리 떨어져 있으며, 행성과 별은 서로 다르다는 결론을 내렸어요.

마야의 천문학자가 별을 관측하고 있는 그림

답을 찾아보다

오래전 많은 사람들은 우주에 있는 물체가 신이라고 생각했고, 하늘에서 나타나는 움직임을 설명하기 위해 다양한 이야기를 지어냈어요. 그러다 2500년 전 고대 그리스의 사람들은 천체가 실제로 무엇인지 과학적으로 고민하기 시작했어요. 초기 천문학자들은 태양이 별과 비슷하지만 우리에게 훨씬 가까이 있다는 사실을 알아냈죠. 어떤 사람들은 지구와 비슷하거나 다른 또 다른 세계에 생명체가 살 수 있을지 궁금해하기도 했어요. 그들은 세상이 어떻게 시작되었을지 생각했고, 어떤 사람들은 모든 것이 한 점에서 시작되었다는 현대 이론과 유사한 관점을 제안하기도 했어요. 수백 년에 걸쳐 사람들은 별과 행성을 추적할 수 있는 도구와 기기를 만들었답니다. 하지만 여전히 이 천체들은 밝게 빛나는 점일 뿐이었어요.

아랍의 천문학자들은 별과 행성의 위치를 측정하는 정교한 도구를 만들었다.

관측을 위한 도구

우주는 1600년대 초에 완전히 달라졌어요. 망원경의 발명이 우주 과학을 바꾸어 놓았죠. 사람들은 처음으로 달 표면을 자세히 보게 되었고, 행성도 원반 모양으로 확대해서 볼 수 있게 되었어요. 물론 이때까지도 별들은 점처럼 보일 뿐이었지요. 다만 맨눈으로 볼 수 있는 것보다 훨씬 더 많은 별이 있다는 것을 알게 되었어요. 새롭게 밝혀진 우주는 그전보다 더 수수께끼 같아졌어요.

1610년에 이탈리아의 과학자 갈릴레오는 망원경으로 본 목성의 위성들을 그림으로 그렸다.

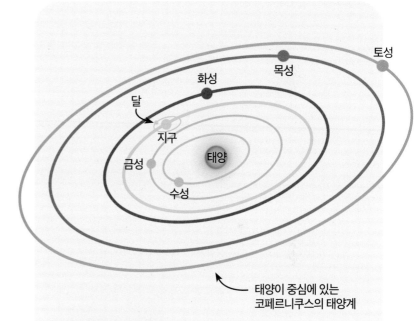

태양이 중심에 있는 코페르니쿠스의 태양계

우주의 모양

망원경의 발명은 태양이 태양계의 한가운데 있고 지구를 포함한 행성들이 그 주위를 움직인다는 사실을 보여 주는 데 도움이 되었어요. 이러한 생각이 처음 나온 것은 1543년이었지만 처음에는 인기가 없었어요. 많은 사람들은 여전히 지구가 중앙에 있고 다른 모든 것이 지구를 중심으로 움직인다고 믿었죠. 1600년대에 접어들면서 태양 중심설이 널리 받아들여지게 되었어요.

아이작 뉴턴이 행성과 위성이 궤도를 도는 원리인 중력을 밝혀냈다. 이 발견은 우주 과학을 뒤바꿔 놓았다.

그저 규칙을 따를 뿐

망원경이 천문학에 혁명을 일으킨 직후, 수학자 아이작 뉴턴은 우주에 있는 물체가 서로 어떻게 영향을 주고받는지, 행성들이 태양 주위를 어떻게 움직이는지 보여 주었어요. 과학자들은 수학을 통해 빛의 속력과 지구에서 태양까지의 거리를 계산하고, 중력을 이해하고, 행성의 궤도를 예측할 수 있게 되었어요. 심지어는 새 행성을 발견하기 전에 예측하는 것도 가능해졌지요.

하늘에 있는 모든 것과 지구

수 세기에 걸쳐 망원경이 발전하면서 사람들은 우주에서 두 개의 행성(천왕성과 해왕성)을 포함해 더 많은 천체를 발견했어요. 별과 행성뿐만 아니라 혜성, 소행성, 다른 행성의 위성, 왜소행성도 조사했죠. 나중에는 폭발한 별의 잔해, 별이 태어나는 구역, 그리고 다른 은하들도 연구했어요. 천문학자들은 지금도 이런 천체들을 탐구하고 있고, 블랙홀, 펄서, 퀘이사와 같이 새로운 것들도 발견하고 있어요. 이제는 빛 외에 다양한 유형의 전자기 복사를 볼 수 있는 망원경처럼 더 정교한 도구를 사용해요.

게성운은 1054년에 폭발하는 모습이 관측된 별의 잔해이다.

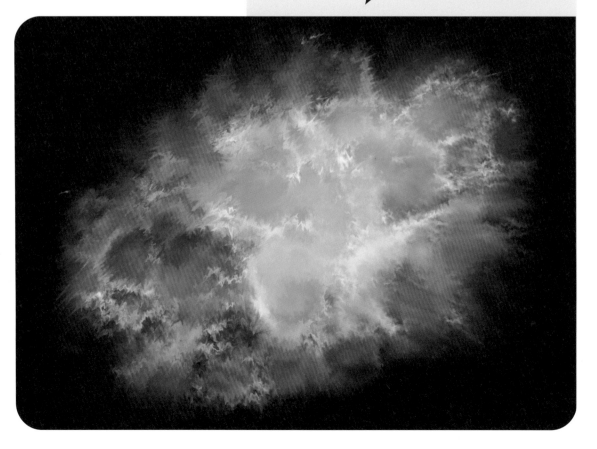

변화하는 우주

사람들은 한때 밤하늘이 변하지 않고 우주는 고정되어
있다고 생각했어요. 하지만 밝은 꼬리를 가진 별처럼
생긴 혜성은 몇 달 동안만 나타나고 초신성(폭발하는 별)은
한동안 매우 밝게 빛나다가 사라지기도 해요. 이것들은
별이 나타났다가 사라진다는 사실을 증명하죠. 사람들은
별과 행성이 어떻게 만들어지는지, 별이 어떻게 에너지를
만들어 내고 어떻게 죽어 가는지 고민하고 몰랐던 사실을
알게 되면서 우주에 적용되는 긴 시간 규모를 알게
되었어요.

허블 우주 망원경은 별들이 태어나는
이 '별의 요람'을 발견해 냈다.

마지막 개척지

20세기 중반부터 우리는 탐사선을 보내 태양계 곳곳을 직접
탐사할 수 있게 되었어요. 이러한 로봇 탐사선에는 대부분 측정
장비가 들어 있어요. 이제는 행성과 위성에 찾아가거나
가까이 날아가서 망원경만으로는 얻을 수 없는 정보를
얻을 수 있어요. 몇몇 탐사선은 태양계 경계를
넘어가기도 했지만, 탐사선이 다른 별에
도달하려면 수만 년이 걸릴 거예요. 적어도
지금은 지구에서 수집할 수 있는 정보에
의존해야 해요. 하지만 이 흥미진진한
과학의 미래가 어떻게 될지 누가 알겠어요?

2001년에 소행성에 착륙한
NASA의 탐사선 니어(NEAR)호

7

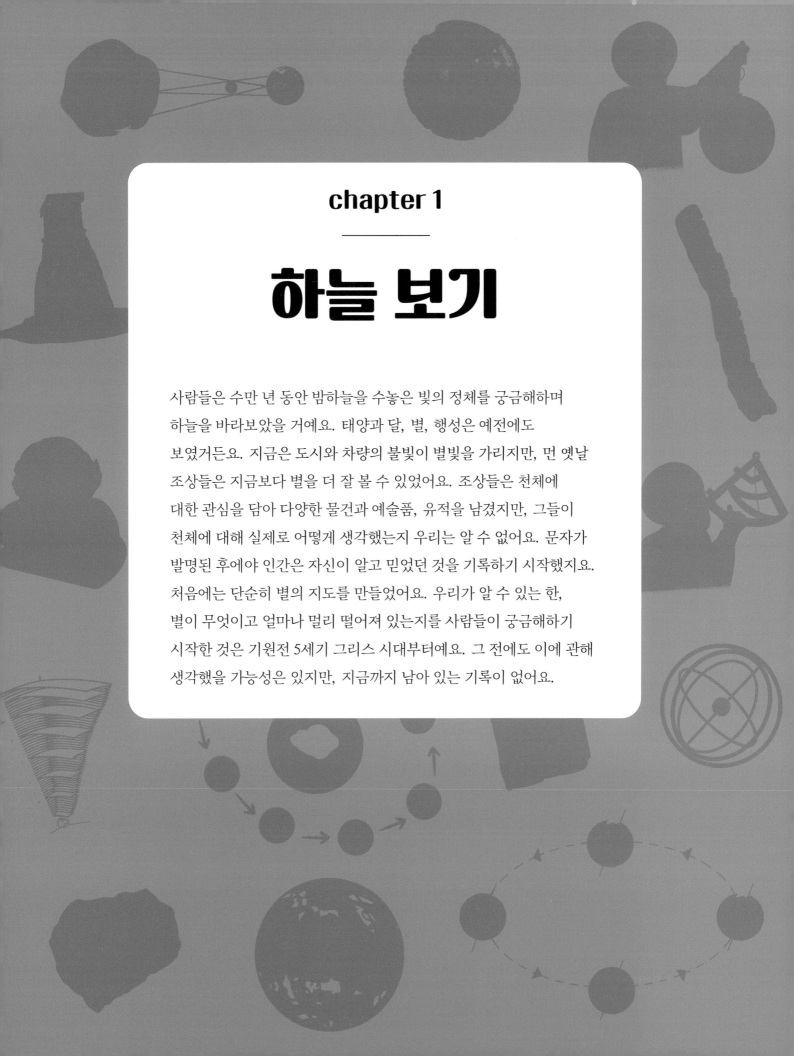

chapter 1

하늘 보기

사람들은 수만 년 동안 밤하늘을 수놓은 빛의 정체를 궁금해하며 하늘을 바라보았을 거예요. 태양과 달, 별, 행성은 예전에도 보였거든요. 지금은 도시와 차량의 불빛이 별빛을 가리지만, 먼 옛날 조상들은 지금보다 별을 더 잘 볼 수 있었어요. 조상들은 천체에 대한 관심을 담아 다양한 물건과 예술품, 유적을 남겼지만, 그들이 천체에 대해 실제로 어떻게 생각했는지 우리는 알 수 없어요. 문자가 발명된 후에야 인간은 자신이 알고 믿었던 것을 기록하기 시작했지요. 처음에는 단순히 별의 지도를 만들었어요. 우리가 알 수 있는 한, 별이 무엇이고 얼마나 멀리 떨어져 있는지를 사람들이 궁금해하기 시작한 것은 기원전 5세기 그리스 시대부터예요. 그 전에도 이에 관해 생각했을 가능성은 있지만, 지금까지 남아 있는 기록이 없어요.

선사 시대~기원전 1801년

사람들은 별과 태양, 달, 행성 등을 자세히 관찰한 후 자신의 생각과 관찰을 기록했어요. 정보를 수집해서 무엇을 했는지는 알 수 없지만, 남아 있는 물건과 예술 작품을 보면 하늘에서 본 패턴과 움직임이 그들에게 중요한 의미였다는 사실을 알 수 있어요.

4만 4000년~ 4만 3000년 전

29개의 홈이 있는 개코원숭이 다리뼈는 달의 주기를 추적하는 데 쓰인 것으로 보인다. 이 '레봄보 뼈'는 아프리카 에스와티니왕국에서 발견되었다.

기원전 8000년

스코틀랜드의 워렌 유적지는 **거대한 달력**이었을지도 모른다. 줄지어 있는 구덩이 12개는 한 달(달의 주기)을 나타내는 것으로 보인다. 한여름에는 해가 뜨는 선이 언덕 사이의 계곡과 일직선을 이루며 석기 시대 천문학자들이 달력을 다시 설정할 수 있게 해 주었다.

· 달의 주기 ·

초승달에서 다음 초승달까지 달의 주기는 약 29.5일이므로 음력으로는 1년이 약 12⅓달이 된다. 음력은 1년이 365¼일인 태양력과 위상이 맞지 않는다. 음력을 기반으로 하는 초기 달력 시스템은 계절과 위상을 맞추기 위해 매년 5일씩, 혹은 약 3년에 한 번씩 한 달을 추가해야 했다.

선사 시대

황소의 머리에 있는 점들은 플레이아데스성단일 가능성이 높다.

기원전 4500년~4000년

이집트의 **납타 플라야**에는 돌들이 복잡한 모양으로 놓여 있다. 서 있는 돌 두 쌍은 낮이 가장 긴 날인 하지를 나타낸다. 하지의 앞뒤로 약 3주 동안 태양이 바로 머리 위에 있는 시간에는 서 있는 돌에 그림자가 생기지 않는다.

1만 6500년 전

프랑스 **라스코의 동굴 벽**에 남아 있는 그림에는 오늘날 **플레이아데스성단**으로 알려진 별들의 무리가 그려져 있다.

기원전 4000년

중국 시수이포의 한 무덤에는 조개껍질과 뼈를 배열해 만든 **별자리 그림**이 있다. 나중에 중국에서는 이 별자리들을 청룡, 백호, 북두칠성이라고 불렀다.

스톤헨지의 모든 돌이 지금까지 남아 있지는 않다. 원래는 이런 모양이었을 것이다.

기원전 2500년

영국의 **스톤헨지**는 돌을 원 모양으로 세워 놓은 구조물이다. 한겨울의 일몰과 한여름의 일출이 돌들 사이로 정렬된다. 스톤헨지는 일 년의 모든 날을 추적하고 하지나 동지까지 남은 기간을 계산하는 더 복잡한 **달력**이었을 수도 있다.

기원전 4000년~3000년

몰타에서 발견된 **탈 카디 스톤**이라는 이름의 깨진 돌에는 **별과 초승달**이 그려져 있다. 원래는 16개 영역으로 나누어진 완전한 원이었다.

기원전 1801년

기원전 3340년

아일랜드 미스주에서는 사람들이 **개기 일식**을 기록하기 위해 나선형 문양을 바위에 새겼다. 개기 일식은 달이 지구와 태양 사이를 지나가면서 태양 빛을 가릴 때 일어난다.

기원전 3000년~1700년

중국 황허강 연안의 룽산문화권 사람들은 **밤하늘을 관측할 수 있는 단**을 쌓았다.

기원전 2055년~기원후 395년

이집트의 카르나크 신전은 **1년의 길이나 하지와 동지의 시기**를 계산하는 데 사용되었다. 이 신전은 다른 유적과는 달리 태양 대신 별과의 정렬을 이용했다. 태양과의 정렬은 수천 년 동안 정확하게 유지되지만 별과의 정렬은 몇백 년이 지나면 변한다. 카르나크 신전은 정렬을 맞추기 위해 여러 차례 다시 지어졌다.

태양과 달의 움직임

오래전 사람들에게는 천체를 볼 수 있는 망원경이나 다른 도구가 없었어요. 그런데 천체의 움직임을 정확하게 추적할 수 있는 도구가 없었음에도 천체에 대해 자세히 연구해서 얻은 지식을 바탕으로 유적을 만들었어요.

태양을 도는 지구

지구는 태양의 주위를 365¼일마다 한 바퀴씩 돌아요. 이것이 1년이에요. 적도(지구 한가운데를 두르는 가상의 선)에서는 1년 내내 낮의 길이가 같아요. 북극과 남극에 가까울수록 낮이 겨울에는 짧고 여름에는 길어져요. 낮이 가장 짧은 날을 '동지'라고 하고 가장 긴 날을 '하지'라고 해요. 우리 조상들은 오래전에 이를 알아차리고 달력을 만들어 시간의 흐름과 계절의 변화를 추적하는 데 사용했어요. 하지와 동지 사이에는 낮과 밤의 길이가 같은 춘분과 추분이 있어요. 지구의 자전축은 똑바로 서 있지 않고 약 23도 기울어져 있는데, 이로 인해 지구의 북쪽과 남쪽이 1년 중 서로 다른 시기에 태양을 향하게 돼서 계절이 생겨요.

하지는 북반구에서는 6월에 있고,
남반구에서는 12월에 있다.

지구를 도는 달

지구가 태양 주위를 도는 동안 **달은 지구 주위를 29⅓일에 한 바퀴씩 돌아요.** 우리는 둥근 보름달부터 가는 초승달까지 다양한 모양을 한 달을 볼 수 있죠. 달의 모양은 달을 비추는 태양 빛에 의해 만들어지는데, 달이 지구 주위를 도는 경로에서 어느 위치에 있는지에 따라 달라져요. 태양이 달의 뒤를 비추면 그림자가 생겨서 초승달이 돼요. 보름달일 때는 태양이 우리가 볼 수 있는 달의 면 전체를 비춰요.

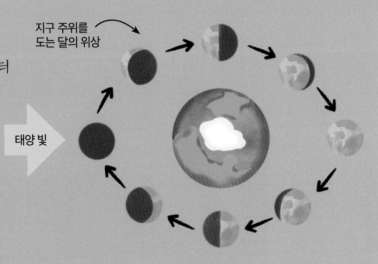

지구 주위를
도는 달의 위상

태양 빛

태양과 달의 이용

고대 조상들은 태양이 하늘을 가로질러 어떻게 움직이고 달은 어떻게 모양이 변하는지 관찰했어요. 그들은 달의 주기 횟수가 1년과 맞지 않는다는 사실을 알아냈고, 태양과 달을 모두 사용해서 시간을 추적하는 데 도움이 되는 유적을 만들었어요. **음력** 주기는 월 단위로 작업하는 데 유용했고, **태양력**은 1년 전체를 추적하는 데 사용되었죠. 태양과 달의 주기를 이해하는 것은 비가 내리는 시기와 이동성 동물이 이동하는 시기, 어린 동물이 태어나는 시기 등 생활에 중요한 계절적 사건을 예측하는 데 도움이 되었어요.

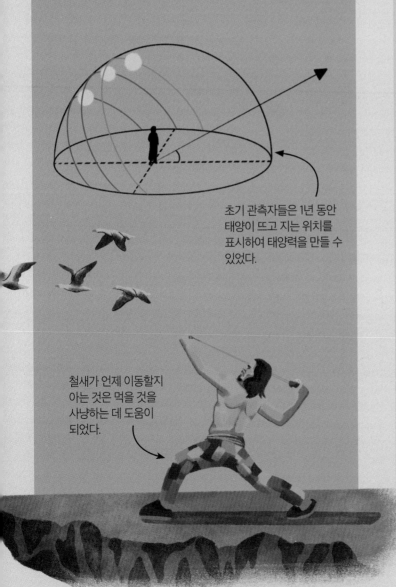

초기 관측자들은 1년 동안 태양이 뜨고 지는 위치를 표시하여 태양력을 만들 수 있었다.

철새가 언제 이동할지 아는 것은 먹을 것을 사냥하는 데 도움이 되었다.

별과 행성

별과 행성은 모두 밤하늘에서 작은 빛의 점처럼 보이지만 실제로는 매우 달라요. 별은 반짝이지만 행성은 반짝이지 않거든요. 별은 모두 하늘에서 천천히 움직이고, 어떤 별이 보이는지도 일 년에 걸쳐 천천히 변하죠. 하지만, 행성은 별을 배경으로 자신만의 경로를 가져요. 먼 옛날 우리의 조상들은 이러한 차이를 알아차렸죠. 호주 원주민의 전통에서는 행성을 길을 따라 걷는 조상으로 묘사하기도 했어요. 행성을 뜻하는 영단어 'planet'도 '방황하는 별'이라는 뜻의 그리스 단어에서 유래했죠. 망원경이 발명되기 전까지 사람들이 하늘에서 볼 수 있는 행성은 다섯 개뿐이었어요(수성, 금성, 화성, 목성, 토성). **북반구에서는 별들이 머리 위의 중심점, 즉 북극성을 중심으로 움직이는 것처럼 보여요.** 지구가 자전을 할 때 시간이 지나면서 다른 위치에서 별들을 바라보기 때문이에요. 동시에 지구가 태양 주위를 돌면서 하늘의 다른 부분이 보이기 때문에 어떤 별들은 일 년 중 일부 기간에만 볼 수 있죠. 폴리네시아 선원들과 같은 초기 항해자들은 별의 위치에 관한 지식을 바탕으로 밤에 길을 찾았어요.

지구에서 보면 화성은 별을 배경으로 자신만의 경로를 따라 방황하는 것처럼 보인다.

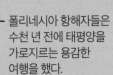

폴리네시아 항해자들은 수천 년 전에 태평양을 가로지르는 용감한 여행을 했다.

기원전 1800년~601년

바빌로니아인들은 하늘에 통치자와 왕국을 위한 중요한 메시지가 있다고 믿었어요. 성직자들은 밤하늘을 관찰하고 그들이 본 것을 점토판에 기록했죠. 초기 천문학자들은 태양계가 어떻게 작동하는지에 대한 생각을 기록하지는 않았지만, 행성, 달, 태양의 위치를 예측하기 위해 정보를 수집했어요.

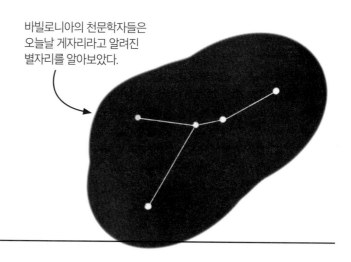

바빌로니아의 천문학자들은 오늘날 게자리라고 알려진 별자리를 알아보았다.

기원전 19세기~16세기

바빌로니아의 천문학자들은 별의 패턴을 그림으로 표현한 **별자리**를 만들었고, 별과 행성이 다르다는 사실을 알아차렸다. 그들은 태양, 달, 행성의 움직임을 기록하고 그 속에서 신의 신호와 메시지를 찾아내고자 했다.

· 천문학과 점성술 ·

수천 년 전만 해도 사람들은 천문학과 점성술을 구분하지 않았다. 오늘날의 천문학은 우주가 어떻게 작동하는지 보여 주는 것을 목표로 하는 과학적 연구이다. 이에 반해 점성술은 천체의 움직임과 배열에서 의미와 조짐을 찾는다. 천체의 배열과 지구에서 일어나는 사건 사이에는 아무런 연관성이 없으므로 점성술은 과학적이지 않다. 초기 천문학자들은 점성가이자 성직자였으며, 밤하늘에서 신의 메시지를 찾으려 했다.

기원전 1800년

기원전 1800년~1600년

네브라 스카이 디스크는 별, 달, 태양을 나타낸 청동 원반이다. 독일에서 발견된 이 원반은 1년에 한 달이 더 있는 윤달을 언제 추가해야 하는지 알아내는 데 사용한 것으로 보인다.

기원전 1302년

중국의 한 천문학자는 태양의 개기 일식을 **거북의 등딱지 조각**에 새겨서 기록했다. 새로운 별과 월식을 기록한 등딱지 조각도 있다.

기원전 1279년~1213년

이집트의 람세스 2세가 지은 **아부심벨** 신전은 56m 높이의 바위를 깎아 만든 신전으로, 가장 깊숙한 곳에는 신들의 조각상이 있는 성스러운 방이 있다. 여기에서는 태양 빛이 일 년 중 람세스의 생일인 2월 21일과 그의 대관식 날인 10월 22일, 단 이틀만 신상을 비춘다.

네브라 스카이 디스크는 플레이아데스성단과 초승달이 동시에 나타나면 달력에 한 달을 더 추가해야 한다는 사실을 보여 주고 있는 것 같다.

기원전 12세기

바빌로니아의 천문학자들은 점토판에 '각각의 삼성'이라는 최초의 항성 일람표를 만들었다. 그들은 하늘을 각각 다른 신이 다스리는 세 개의 영역으로 나누고 별 36개를 세 개의 띠로 묶었다. 이 목록은 별지도보다 훨씬 오래전인 기원전 5000년 경부터 있었던 것으로 추정된다.

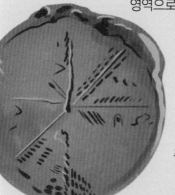

기원전 약 1000년

물아핀 항성 일람표는 바빌로니아에서 만들어졌다. 기원전 686년에 사본이 제작된 덕분에 지금까지 남았다. 여기에는 66개의 별과 별자리가 뜨고 지는 날짜가 목록으로 정리되어 있다.

기원전 7세기

그리스 시인 **헤시오도스**는 특정한 별이 나타나고 사라지는 때를 이용하여 특정 농사 작업을 수행해야 하는 시기와 항해하기에 안전한 시기가 언제인지 설명했다.

기원전 601년

기원전 약 1000년

스웨덴 고틀란드섬의 바위에는 0.5~1m 길이의 홈 약 3,600개가 새겨져 있다. 대부분 **태양과 달의 위치**와 일치한다.

기원전 7세기

바빌로니아의 천문학자들은 매일 밤 별자리를 기준으로 행성의 움직임을 관찰하고, 행성이 뜨고 지는 것을 기록했다. 토성에 관한 자료를 모으기 위해서는 최소 59년 동안 기록을 했을 것이다. 이 천문학자들은 행성, 달, 태양의 움직임을 추적할 수 있는 별들의 띠인 **황도**를 알아 보았다.

지구가 태양 주위를 도는 동안 위치마다 보이는 별자리가 다르다.

· 태양 궤도 면의 별자리 12개 ·

황도 12궁은 태양 주위를 도는 지구의 경로를 따라 늘어서 있다. 지구가 움직이면 다른 별자리가 보이기도 하고 태양 뒤로 사라지기도 한다. 태양계의 다른 행성들도 공전 궤도가 지구 궤도와 같은 평면에 있기 때문에 황도대 별자리를 따라 움직인다.

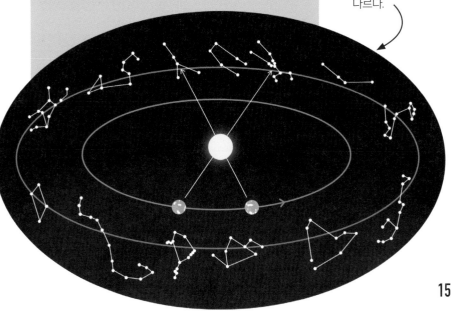

15

기원전 600년~226년

천문학은 기원전 5세기부터 고대 그리스인들과 함께 변화했어요. 그리스 천문학자들은 별과 행성이 어떻게 작동하는지에 대한 더 큰 그림, 즉 '모형'을 개발하려고 노력했죠. 그들은 이전에 본 것을 바탕으로 예측만 하는 것이 아니라 밤하늘에서 일어나는 일을 이해하고자 했어요.

기원전 585년

고대 그리스 밀레투스(오늘날에는 튀르키예에 속해 있음)의 탈레스는 **일식을 예측**한 것으로 알려져 있다. 정말 그랬다면 이는 최초로 알려진 정확한 예측이다.

기원전 400년

그리스의 천문학자 에우독소스는 천체가 **여러 겹으로 겹쳐져 있는 구체**에 고정되어 있고 지구가 가운데에 있으며 바깥쪽 구체에 별들이 있다고 말하며 우주의 구조를 설명했다. 에우독소스는 이 구체들이 각자 따로 움직인다면 지구에서 볼 때 행성의 움직임을 설명할 수 있다고 생각했다.

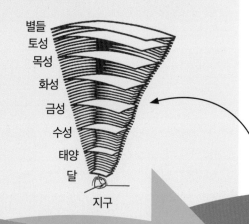

별들
토성
목성
화성
금성
수성
태양
달
지구

· 그리스의 천문학 ·

우리는 지구에서 태양 주위를 도는 행성들을 볼 수 있고, 지구 역시 태양 주위를 돈다. 따라서 행성들의 궤도는 복잡하게 보이며, 복잡한 수학적 모형이 필요하다. 그리스 천문학자들은 천체의 움직임을 이해하고 설명하기 위해 처음으로 수학을 천문학에 적용했다.

에우독소스는 지구가 구체로 둘러싸여 있다고 믿었다. 태양, 달, 행성은 각각 다른 구체에 놓여 있고 별은 마지막 구체에 있다.

기원전 600년

기원전 467년

아낙사고라스는 달이 지구에서 반사된 태양 빛을 받아 빛나고, 태양은 그리스의 일부보다 큰 불덩어리이며, 달의 그림자가 지구에 드리우면 **일식**이 일어난다고 정확하게 설명했다.

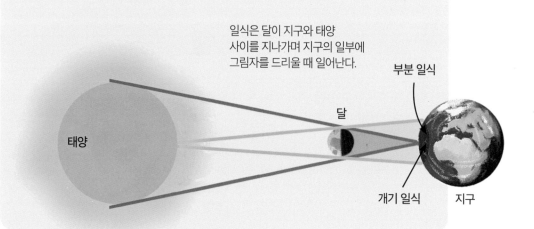

일식은 달이 지구와 태양 사이를 지나가며 지구의 일부에 그림자를 드리울 때 일어난다.

태양

달

부분 일식

개기 일식

지구

기원전 약 400년

바빌로니아의 천문학자들은 **황도**를 12개의 동일한 구간으로 나누어 오늘날의 **황도대**와 비슷한 모양으로 만들었다.(▶15쪽)

기원전 4세기

중국의 천문학자 감덕과 석신은 처음으로 **별 목록**을 만들었다.

기원전 387년

그리스의 철학자 플라톤은 태양, 달, 행성들이 모두 완벽한 **원 모양**으로 지구 주위를 돈다고 주장했다.

기원전 365년

목성의 위성은 보통 맨눈으로 볼 수 없지만, 중국의 천문학자 감덕은 목성의 가장 큰 위성 중 하나를 관측했을지도 모른다. 그는 기원전 364년에 태양 흑점을 최초로 기록하기도 했다.

기원전 약 250년

사모스의 아리스타르코스는 지구에서 **태양과 달의 상대적 거리**를 계산하여 태양이 달보다 18~20배 더 멀리 있다고 말했다. 실제로 태양은 달보다 약 400배 더 멀리 떨어져 있다. 그는 지구가 태양의 주위를 도는 것이 아니라 그 반대라고 주장했을 수도 있다.

기원전 226년

기원전 약 330년

아리스토텔레스는 월식 때 달에 드리운 지구의 그림자를 보고 지구는 분명히 **구형**이라고 주장했다.

기원전 약 240년

리비아 키레네 출신의 에라토스테네스는 태양이 바로 머리 위에 있어 키레네에 그림자를 드리우지 않을 때 이집트 알렉산드리아에 드리워진 그림자의 각도를 이용하여 **지구의 둘레**를 계산했다. 그는 이 각도가 두 장소 사이에 놓인 지구 둘레의 일부를 나타낸다는 것을 알아차렸다. 그는 지구 둘레를 약 40,000km로 계산했다.

· 아리스토텔레스의 생각 ·

아리스토텔레스는 하늘은 변하지 않으며 그 안의 모든 움직임은 완벽하게 원형이라고 말했다. 가톨릭교회는 후에 이러한 견해를 받아들였다. 또한 아리스토텔레스는 빈 공간이란 존재할 수 없으며, 우주는 지구에 존재하지 않는 특별한 물질로 채워져 있다고 주장했다. 사람들이 그의 말을 받아들인 탓에 수 세기 동안 천문학은 발전하지 못했다.

기원전 225년~기원후 499년

뛰어난 고대 천문학자 두 명이 수 세기 동안 서양 천문학의 기초를
세웠어요. 한 명은 기원전 2세기 그리스 비티니아의 히파르코스이고,
다른 한 명은 300년 후에 태어난 그리스계 이집트인 프톨레마이오스예요.
그는 히파르코스와 여러 그리스 천문학자들의 업적을 바탕으로 1500년에
걸친 서양 천문학의 역사를 책으로 정리했어요.

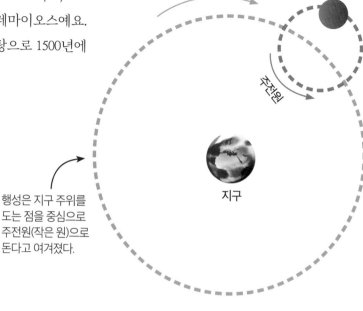

행성은 지구 주위를
도는 점을 중심으로
주전원(작은 원)으로
돈다고 여겨졌다.

행성

주전원

지구

기원전 220년

페르게의 아폴로니우스는 행성이 하늘에서
이동하는 경로를 설명하기 위해 '주전원'이라는
개념을 제안했다. 이 개념은 나중에
프톨레마이오스에 의해 널리 알려져서(▶26쪽)
거의 2000년 동안 지속되었다.

기원전 225년

기원전 2세기

비티니아의 히파르코스는 별의 등급(밝기)을 기준으로
별을 분류했다. 오늘날에도 이 체계를 여전히 사용한다.
가장 밝은 별은 1등급이며, 맨눈으로 볼 수 있는 가장
어두운 별은 6등급이다. 각 등급의 별은 다음 등급보다
약 2.5배 더 밝다.

· 별의 밝기 나누기 ·

히파르코스는 겉보기 등급(천체가 상대적으로 얼마나 밝게
보이는지)만 알 수 있었지만, 천문학자들은 이제 절대
등급을 알 수 있다. 이는 천체와 지구 사이의 거리를
고려해서 계산한 천체의 실제 밝기이다. 1등급 별은
6등급 별보다 약 100배 더 밝다. 태양은 너무 가까워서
겉보기 등급이 −27이지만 절대 등급은 4.8이다. 허블 우주
망원경은 30등급에 해당하는 별도 볼 수 있다.

지구의 자전축은 2만 5772년에
걸쳐 원을 한 바퀴씩 그린다.

기원전 2세기

히파르코스는 2만 5772년에
걸쳐 지구 자전축이 움직이는
세차 운동을 발견했다. 세차 운동
때문에 북극과 남극 위의 별들은
주기적으로 변한다.

기원전 2세기

히파르코스는 **지구와 달
사이의 거리**가 지구 반지름의
59~67배라고 계산했다.
실젯값은 지구 반지름의
60배이다.

기원전 약 125년

그리스에서 만들어진 **안티키테라 기기**는 행성, 달, 태양의 위치를 계산하는 도구였다. 이 기기는 1901년에 부서진 채로 발견되었다.

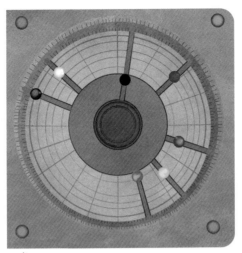

↖ 온전한 안티키테라 기기의 앞면은 아마도 이렇게 생겼을 것이다.

400년

인도의 천문학자들은 **항성일의 길이를** 1.4초보다 적은 오차로 계산해 냈다. 항성일은 지구가 자전하여 하늘에서 별의 위치가 정확히 같아지는 데 걸리는 시간이다. 태양일보다 약 4분 정도 짧다.

410년~420년

알제리의 마르티아누스 카펠라는 **수성과 금성**이 태양 주위를 돌고, 다른 행성들과 달, 태양은 지구 주위를 돈다고 생각했다.

기원후 499년

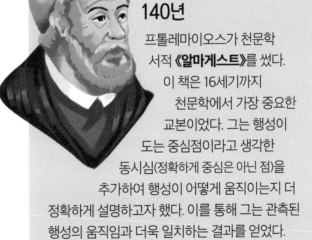

140년

프톨레마이오스가 천문학 서적 《**알마게스트**》를 썼다. 이 책은 16세기까지 천문학에서 가장 중요한 교본이었다. 그는 행성이 도는 중심점이라고 생각한 동시심(정확하게 중심은 아닌 점)을 추가하여 행성이 어떻게 움직이는지 더 정확하게 설명하고자 했다. 이를 통해 그는 관측된 행성의 움직임과 더욱 일치하는 결과를 얻었다.

499년

인도의 아리아바타가 **중력**에 관해 설명했다. 그는 행성이 자전을 하며 태양과 함께 지구 주위를 **타원** 모양으로 돈다고 설명했다. 그는 지구의 자전이 하루를 만들고, 태양이 지구 주위를 도는 공전이 1년을 만든다고 설명했다. 그는 달과 행성이 태양 빛을 반사한다는 사실도 알아차렸다.

기원전 약 50년

로마의 철학자 티투스 루크레티우스 카루스는 오랜 시간에 걸쳐 만들어졌다가 사라지는 **다른 세상들**이 있다고 제안했다.

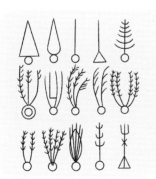

기원전 185년

중국의 천문학자들은 그들이 알아본 다양한 유형의 **혜성**을 목록으로 정리했다. 그들은 지금까지 알려진 것 중 가장 오래된 **초신성**도 기록으로 남겼다.

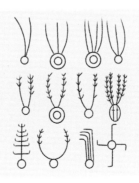

120년

중국의 장형은 달과 행성이 태양 빛을 반사한다고 말했고, **일식과 월식**의 모습을 설명했다.

다양한 도구들

우리의 먼 조상들에게는 별과 행성을 관측하는 도구가 없었지만 돌과 나뭇가지, 그리고 각종 지형을 이용해 해가 뜨고 지는 모습과 달의 움직임을 추적했어요. 나중에는 별과 행성의 위치를 측정할 수 있는 도구를 만들어 밤하늘의 지도를 그리기까지 했지요.

태양과 그림자

사람들은 **해시계**를 사용하면서 비로소 낮 동안의 시간을 구분하게 되었어요. 해시계에는 그림자를 드리우는 막대기가 있고, 시간을 나타내는 영역이 나뉘어 있어요. 해시계는 가지고 다닐 수 있을 정도로 작을 수도 있고, 건축물처럼 크게 만든 것도 있어요.

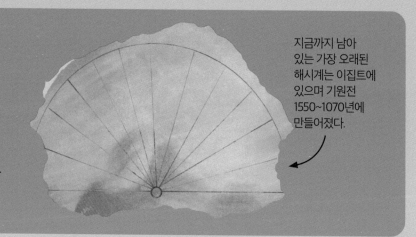

지금까지 남아 있는 가장 오래된 해시계는 이집트에 있으며 기원전 1550~1070년에 만들어졌다.

돌리고 돌리고

최초의 천문 도구 중 하나는 **혼천의**였어요. 혼천의는 행성의 궤도를 나타내는 띠가 있는 구예요. 초기 천문학자들은 행성들이 지구 주위를 돌고 있다고 가정했기 때문에 지구는 구의 중앙에 위치했고, 각 천체에는 고유한 띠가 있었어요. 보통 넓은 띠는 황도를 나타내어 지구 주위를 도는 태양의 경로를 보여 주었어요. 혼천의는 중국과 그리스에서 각각 기원전 4세기와 기원전 3세기에 만들었어요.

별들의 우주

밤하늘을 올려다보면 별들이 우리 위를 덮고 있는 그릇 안쪽에 붙어 있는 것처럼 보여요. 그래서 천문학자들은 밤하늘을 지구를 둘러싸고 있는 구라고 생각하고 별을 표시하기 위해 **천구**를 만들었어요. 천구는 구의 바깥쪽에 별을 표시하지요. 천구 밖의 모습을 안에서 보이는 모습으로 뒤집어 보려면 정신적 훈련이 약간 필요하지만, 불가능한 일은 절대 아니었어요. 지금까지 남아 있는 가장 오래된 천구는 그리스 신화의 아틀라스가 지구를 등에 짊어지고 있는 동상에 있어요. 기원전 2세기에 조각된 작품이랍니다.

16세기에 프랑스에서 만든 천구

측정 기기 만들기

정확한 별 지도를 만들고 천체의 움직임을 추적하기 위해 천문학자들은 별과 행성의 위치를 자세히 측정했어요. 그들은 천체와 지평선 사이의 각도나 천체와 천체 사이의 각도를 측정했죠. **사분의와 육분의**라는 도구도 사용했어요. 이 도구들은 원의 일부(1/4 또는 1/6)를 도 단위로 표시한 거예요. 천문학자는 관측하는 천체와 지시기를 나란히 놓고 각도를 읽었지요. 육분의 중에서 크기가 거대한 것들은 벽에 설치하거나 야외 천문대에 세워 놓기도 했답니다.

아스트롤라베

휴대용 육분의를
사용하고 있는 천문학자

사용하는 데 두 사람이
필요한 육분의 벽화

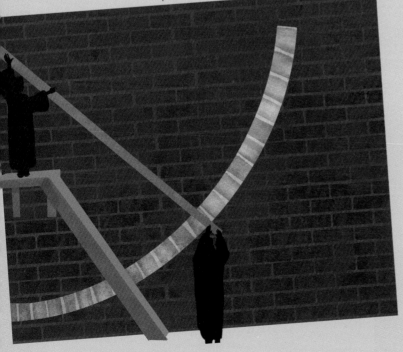

움직이는 천체들

천문학자들은 행성, 달, 태양의 움직임을 모형화하기 위해 오레리를 사용했고, 나중에는 아스트롤라베를 사용했어요. **오레리**는 그리스의 안티키테라 기기와 같이 각 행성이나 여러 천체를 나타내는 작은 구가 있고, 지구를 중심으로 움직일 수 있어요. 각 천체가 궤도를 나타내는 원 안에서 움직이고 모두 기계적으로 연결되어 있어서 태양계 전체의 움직임을 모형으로 보여 주었죠. 안쪽 행성은 더 빠르게, 바깥쪽 행성은 더 느리게 움직였답니다. **아스트롤라베**는 더 복잡했는데, 여러 겹으로 조립된 원형 판과 덮개가 시간을 알려 주었고, 특정 날짜의 낮과 밤 길이를 계산하거나 천체의 움직임을 모형화하는 데에도 사용할 수 있었어요. 천문학자들은 별이나 태양의 위치를 측정하고 아스트롤라베의 각 부분이 일치하도록 정렬해서 하늘의 평면 지도를 만들었어요.

500년~1099년

아랍 세계는 그리스, 인도, 페르시아의 관측 자료와 문헌을 번역하고 이를 바탕으로 전문 지식을 쌓으면서 그 중요성이 커졌어요. 더 잘 관측하고 측정하기 위해 정확한 도구를 개발한 아랍 학자들 덕분에 후대 천문학이 발전할 수 있었죠.

649년~684년

둔황 별지도는 중국에서 만들었거나 복제한 것으로, 12개의 지도에 1,339개의 별을 표시하고 있다. 전체 하늘을 보여 주는 가장 오래된 문서이며, 더 오래된 지도의 사본일 수도 있다.

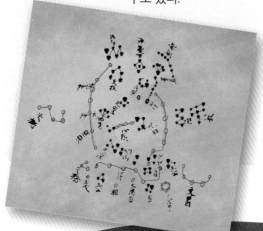

6세기

이집트 알렉산드리아의 수도사 코스마스는 태양과 별에서 나오는 열이 우주를 천천히 데워야 한다는 사실을 알아차렸다. 이것은 나중에 '**올버스의 역설**'이라는 이름으로 불리게 되었다. 코스마스는 지구가 평평하다고 믿었는데, 이는 당시에도 몇몇 사람들만 했던 생각이었다.

628년

인도의 수학자 브라마굽타는 중력이 **인력**이라고 생각했다. 그는 물체를 끌어당기는 것이 지구의 본성이기 때문에 물체가 지구를 향해 떨어지는 것이라고 말했다.

500년

630년대/640년대

첨성대는 동아시아에서 가장 오래된 천문대로, 한국에 있다. 한국의 천문학자들은 첨성대를 1년 365일 밤낮으로 사용해서 일식과 월식을 파악하고 혜성의 경로를 예측할 수 있었다.

635년

중국의 천문학자들은 **혜성의 꼬리**가 항상 태양의 반대쪽을 향한다는 것을 일찍부터 알고 있었다.

8세기 후반

'**지혜의 집**'은 이라크 바그다드에 설립된 도서관이었다. 이 학문의 장에서 학자들은 한데 모여 천문학을 비롯한 다양한 주제의 책을 번역하고 연구하며 의견을 나눴다. 천문학에 관한 문헌은 200년에 걸쳐 그리스어, 인도어, 페르시아어에서 아랍어로 번역되어 방대한 고대 지식의 도서관을 이뤘다.

830년

콰리즈미는 주로 인도 문헌을 바탕으로 **아랍 천문학**을 대표하는 첫 번째 책을 썼다. 그는 천체의 위치를 계산하기 위한 표인 '지(zij)'를 만들었다.

964년

압드 알라흐만 알수피는 프톨레마이오스의 《알마게스트》를 업데이트해서 많은 별에 오늘날에도 사용되고 있는 **아랍어 이름**을 지어 주었다.

1054년

중국에서 **초신성**이 기록됐다. 653일 밤 동안 보인 이 초신성은 23일 동안은 낮에도 보였다. 북미 원주민의 암각화에 그려진 것이 바로 이 초신성이었을 것으로 추정된다.

약 1080년

무슬림의 통치를 받던 시절의 에스파냐 톨레도에서 이븐 알자르칼루가 천체의 움직임과 일식을 도표화한 **톨레도 테이블**을 만들었다. 태양을 25년, 달을 30년 동안 관측하여 만들었다고 하며, 200년 동안 유럽에서 사용했다.

1099년

1000년~1200년

마야의 건축가들은 하지의 일출과 동지의 일몰에 맞춰 대각선으로 치첸이트사에 **계단식 피라미드**를 만들었다. 춘분이 있는 3월과 추분이 있는 9월에는 북쪽 계단에 뱀이 꿈틀거리는 듯한 그림자가 생긴다. 계단에 드리워진 삼각형 7개의 그림자는 34m에 걸쳐 한 줄로 늘어서서 뱀의 몸통을 이루고, 계단 아래쪽 돌에 조각된 뱀의 머리와 이어진다.

1066년

1066년 헤이스팅스 전투를 기록하기 위해 프랑스 바이외에서 제작된 태피스트리에는 지금의 **핼리 혜성**으로 추정되는 혜성이 묘사되어 있다.

1088년

중국의 학자 심괄은 지구와 달, 태양이 모두 공 모양 이라고 기록했다.

1100년~1574년

아랍 천문학자와 번역가들의 연구는 무슬림 에스파냐에서 라틴어로 번역되어 유럽에 소개되었어요. 로마인들이 사용하던 언어였던 라틴어는 유럽 전체와 신흥 대학에서 지식인들이 사용하는 학문의 언어가 되었죠. 사람들이 다른 나라에서 쓰인 글을 쉽게 이해할 수 있었기 때문에 지식이 빠르게 확산했어요.

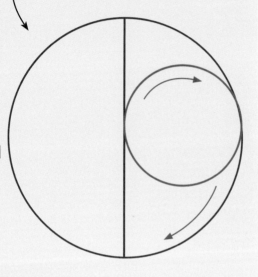

투시 커플에서 안쪽 원은 지름이 두 배인 바깥쪽 원 주위를 굴러간다. 안쪽 원의 한 점은 항상 바깥쪽 원의 지름에 닿아 더 큰 원 안에 직선을 그린다.

1126년

최초의 아랍과 인도 문헌들은 에스파냐의 코르도바에서 라틴어로 번역되었다. 이것은 유럽에서 **고대 그리스 천문학**이 재발견되는 결과로 이어졌다.

1247년

천문학자 나시르 알딘 알투시가 원운동을 결합해 직선 운동을 만들어 내는 방법인 **투시 커플**을 고안했다. 이 방법에 따르면 하늘의 모든 움직임이 원형이라는 아리스토텔레스의 생각과 대치되지 않으면서도 행성의 겉보기 움직임을 설명할 수 있었다.

1100년

약 1150년

이탈리아 크레모나의 게라르도는 프톨레마이오스의 《**알마게스트**》를 **라틴어로 번역**하기 위해 특별히 아랍어를 배웠다. 그는 천문학에 관한 다른 저작들도 번역했다.

1252년

항성을 기준으로 태양, 달, 행성의 위치를 예측하는 데 필요한 정보가 담긴 **'알폰소 테이블'**이 제작되었다. 이름은 작업 비용을 지불한 에스파냐의 왕 알폰소 10세의 이름에서 따왔다.

1279년

중국 천문학자 곽수경이 **가오청에 천문대**를 세웠다. 여기에는 거대한 해시계와 돌로 만든 관측대가 있다. 이곳에서 일하던 천문학자들은 하지와 동지의 정확한 시간을 측정하여 1년의 길이를 365.2425일로 정했다.

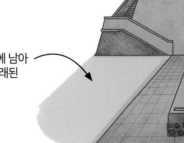

중국 가오청에 남아 있는 가장 오래된 천문대

13세기

서유럽에서 새로 생긴 대학들이 **천문학**을 주요 과목으로 가르치기 시작했다.

1330년

세 개 이상의 천체가 일렬로 늘어선 것을 **삭망**이라고 한다. 작센의 요한은 몇 분 이내로 정확하게 삭망을 예측하는 방법을 알아냈다. 그는 알폰소 테이블의 정보를 사용했다.

세 천체(지구, 금성, 화성)가 정렬된 삭망의 사례.

1540년

알레산드로 피콜로미니가 최초로 **별의 목록**을 인쇄했다. 여기에는 별의 등급(상대적 밝기)과 별을 찾을 수 있는 위치가 표시되어 있다.

1543년

폴란드의 천문학자 니콜라우스 코페르니쿠스가 행성들이 지구 대신 태양 주위를 도는 **태양 중심 태양계 모형**을 제안했다. 그는 1530년에 연구를 완성했지만, 논란이 될 줄 알았기 때문에 죽기 직전까지 발표하지 않았다.

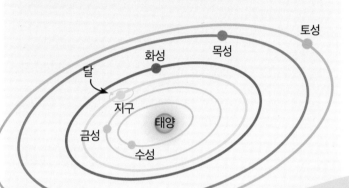

1506년~1510년

레오나르도 다빈치는 달에서 태양 빛을 받지 않는 부분이 지구에서 반사된 빛에 의해 살짝 빛나는 **행성광**을 설명했다.

1574년

약 1450년

인쇄 기술의 발전으로 천문학과 여러 과학 문헌들이 훨씬 더 빠르게 퍼지고 더욱 널리 읽힐 수 있게 되었다.

1501년

인도의 천문학자 닐라칸타 소마야지는 지구를 제외한 모든 행성이 태양 주위를 돌고 있으며, 태양은 지구 주위를 돌고 있다고 제안했다.

1572년

하늘에 밝은 **초신성**이 나타났다. 덴마크 천문학자 튀코 브라헤는 초신성의 시차를 측정할 수 없다는 사실을 보여 주었다.(오른쪽 그림) 이는 초신성이 지구에서 아주 먼 곳에 있다는 뜻이었고, 아리스토텔레스와 가톨릭교회의 주장과는 달리 하늘도 변한다는 사실을 의미했다.

A에서 보았을 때 노란별의 위치

B에서 보았을 때 노란별의 위치

A

B

· 시차란 무엇일까 ·

시차는 물체를 다른 위치에서 보았을 때 고정된 배경에 대해 어떻게 움직이는지를 측정하여 물체까지의 거리를 계산할 수 있게 해 준다. 한쪽 눈을 감은 채 물체를 보다가 반대쪽 눈을 떠 보면 물체가 옆으로 이동한 것처럼 보이는데, 이때 멀리 있는 물체는 가까이 있는 물체보다 덜 움직인 것처럼 보인다. 초신성은 배경 별에 대해 움직이지 않았기 때문에 그 별만큼 멀리 떨어져 있는 것이었다.

어떤 것이 중심에 있을까?

고대 그리스 시대부터 천문학자들은 달, 태양, 행성이 지구 주위를 돌고 있다고 생각했어요. 물론 태양이 태양계의 중심에 있다고 주장하는 사람들도 있었죠. 하지만 하늘을 보는 것만으로는 지구가 중심에 있는지 태양이 중심에 있는지 확실하게 말할 수 없었어요.

지구 중심의 우주

초기 인류는 하늘을 보면서 태양이 동쪽에서 서쪽으로 움직이고 달이 밤 동안 하늘을 가로질러 이동한다는 사실을 금세 알아차렸을 거예요. 행성들은 그보다는 덜 명확한 경로를 따르고, 밤하늘의 별들은 일정한 지점을 중심으로 움직이는 것처럼 보였겠지요. 행성들이 저마다 다른 속도로 움직이기 때문에 **지구 주위를 따로따로** 움직인다고 생각하기 쉬운데, 이는 초기 천문학자들이 일반적으로 생각한 모형이랍니다.

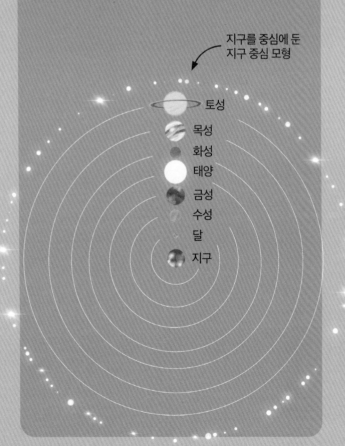

지구를 중심에 둔
지구 중심 모형

토성
목성
화성
태양
금성
수성
달
지구

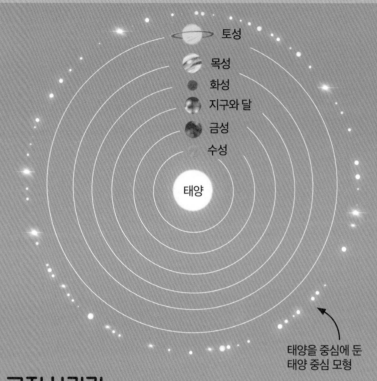

토성
목성
화성
지구와 달
금성
수성

태양

태양을 중심에 둔
태양 중심 모형

고정시키기

아리스토텔레스와 같은 그리스 사상가들은 태양계의 중심에 지구가 있고 다른 천체들이 동심원 구를 따라 움직이며, 별들은 태양계를 둘러싸고 있는 가장 바깥쪽 구에 자리하고 있다고 설명했어요. 각각의 구는 저마다 다른 속도로 움직인다고 여겨졌죠. 이는 각 행성이 하나의 구를 가지고 있는 것보다는 다소 복잡했는데, 하나의 구로는 역행 운동(행성이 하늘을 가로지르는 경로에서 잠시 속도를 늦추고 뒤로 물러나는 것처럼 보이는 기간)을 설명하지 못했기 때문이에요. 역행 운동은 주전원을 사용하여 설명하고 모형화할 수 있어요.(▶18쪽) **프톨레마이오스**는 실제로 관측된 움직임과 잘 일치하도록 이 체계를 더욱 정교하게 다듬었어요. 초기 천문학자들은 관측한 움직임을 수학과 모형을 활용해서 재현하고 예측했죠. 하지만 행성이 움직이는 정확한 원리는 1600년대까지 설명되지 않았어요.

하늘에 새로운 질서를 부여하다

폴란드의 천문학자 **니콜라우스 코페르니쿠스**는 사망 직전인 1543년에 새로운 모형을 발표했어요. 이 모형에서는 **태양이 태양계의 중심**에 있었고, 모든 행성들이 그 주위를 돌았죠. 이 모형에서 지구 주위를 도는 것은 달밖에 없었어요(그때는 망원경이 발명되기 전이었기 때문에 다른 행성에도 위성이 있다는 사실을 아직 아무도 몰랐어요).

이 체계는 분명히 지구의 지위를 떨어뜨렸지요. 지구를 우주에서 가장 중요하고 중심적인 존재로 여겼던 전통적인 체계와 모순되었으니까요. 특히 지구가 움직이지 않는다고 가정하는 성경과 맞지 않는 것처럼 보였고요. 가톨릭교회는 코페르니쿠스의 체계가 행성의 움직임을 예측하는 데 도움이 되는 수학 모형일 뿐 지구와 하늘의 상태를 실제로 설명하는 것은 아니라는 글을 허락 없이 그의 책 앞머리에 추가했어요.

절충안

중간에는 몇 가지 다른 설명 방식들도 있었어요. **튀코 브라헤**는 태양, 달, 항성은 지구 주위를 돌지만 다른 모든 행성은 태양 주위를 도는 체계를 제안했어요. 독일의 천문학자 **파울 비티치**는 수성과 금성이 태양 주위를 돌고 다른 행성은 모두 지구 주위를 도는 체계를 제안했답니다.

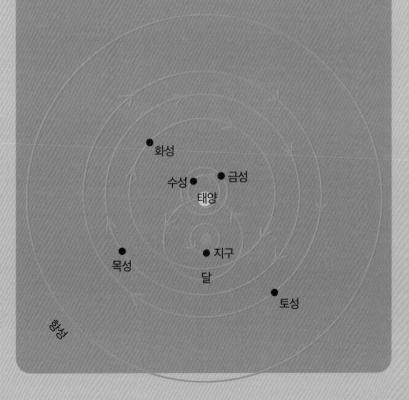

그렇게 둥글지 않다

코페르니쿠스가 태양을 중심에 둔 것은 옳았지만, 그의 태양계는 이전의 프톨레마이오스 태양계보다 더 나은 예측을 제공하지는 못했어요. 이는 그가 지구와 행성의 궤도가 **완벽한 원이라고 가정**했기 때문이었어요. 행성의 궤도가 원이 아니라 **타원**, 즉 약간 찌그러진 원이라는 사실은 70년 후 독일의 천문학자 **요하네스 케플러**에 의해 비로소 밝혀졌죠. 그는 튀코 브라헤가 여러 해 동안 수집한 자료를 연구한 끝에 이 사실을 알아냈어요. 이 자료는 라헤가 사망한 후 케플러가 물려받은 것이었지요.

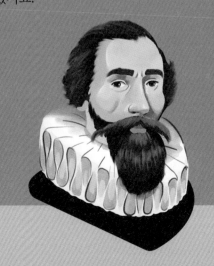

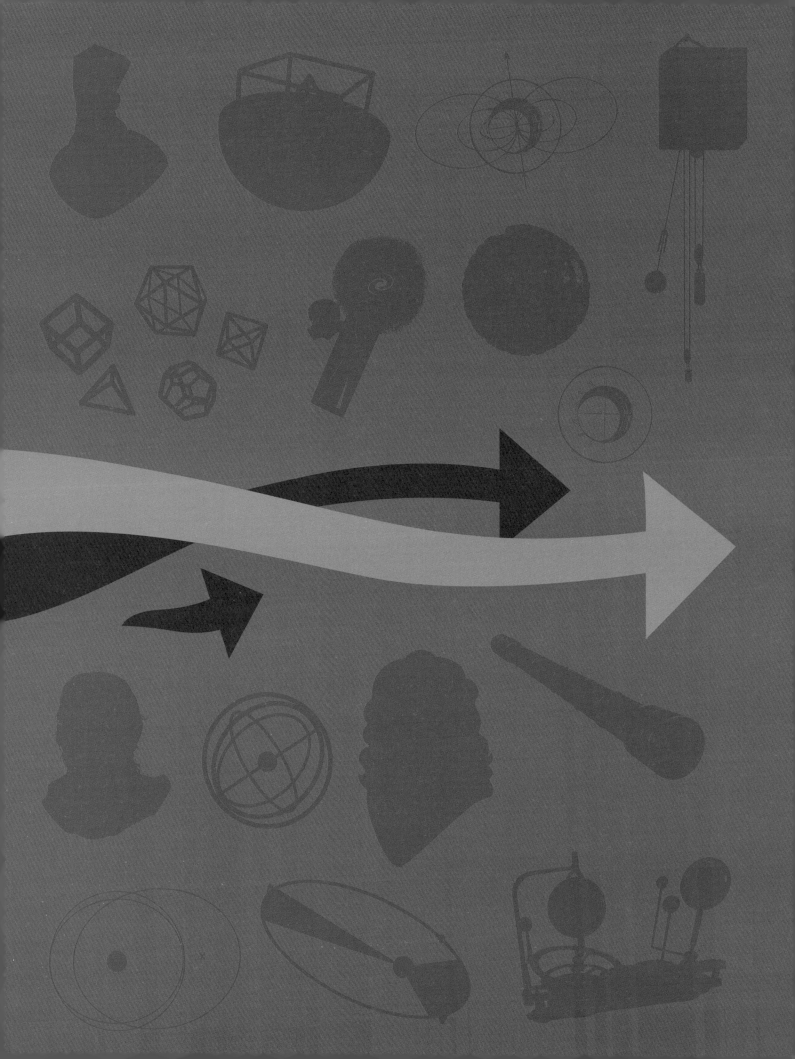

chapter 2

망원경의 역사

17세기 초, 망원경의 발명은 천문학과 우주에 대한 우리의 이해를 영원히 바꿔 놓았어요. 200년도 지나지 않는 기간 동안 천문학자들은 태양계에서 행성을 두 개 더 발견했고, 달 표면을 관찰했어요. 다른 행성에 위성이 있다는 사실도 알아냈죠. 망원경은 은하수의 본질을 밝혀 주었고, 성경을 문자 그대로 받아들이면서 생긴 몇몇 믿음과의 대립도 불러일으켰어요. 그래서 천문학은 한동안 가톨릭교회와 갈등을 빚었죠. 어떤 천문학자들은 우주 과학의 새 발견을 편드는 과정에서 고난을 겪기도 했어요. 망원경은 유럽의 발명품이었고 종교와의 갈등도 유럽에서 시작했지만 결국에는 전 세계 곳곳에서 사용되었어요. 천문학자들이 남반구에서 보이는 별들의 지도를 완성하면서 지구에서 보는 하늘의 전체 지도가 만들어졌답니다.

1575년~1603년

16세기의 마지막 30년 동안에는 1572년의 초신성과 1577년의 대혜성이라는 두 가지 중요한 천문학적 사건이 있었어요. 두 사건 모두 덴마크의 천문학자 튀코 브라헤가 관측했지요. 그는 이 두 사건을 연구하면서 우주에 대한 유럽인의 생각을 바꾸었고, 하늘이 변하지 않는다는 전통적인 생각을 결국 뒤집었답니다.

1582년

이탈리아의 성직자 **마테오 리치**가 중국에 서양 천문학을 소개하고 여러 중국 사상을 유럽으로 들여왔다. 중국 황제는 일식을 예측하는 그의 능력을 특히 높이 평가했다.

1576년

영국의 천문학자 토머스 딕스는 **별들이 무한한 공간에 흩어져 있다**고 제안했다. 이전까지 사람들은 모든 별들이 지구에서 같은 거리에 있는 구 안에 붙어 있다고 생각했다.

1582년

로마와 유럽 곳곳에서 **그레고리력**을 도입했다. 기존의 율리우스력에서는 시간이 갈수록 조금씩 날짜가 어긋났는데, 그레고리력은 대부분의 세기 연도(끝자리가 '00'인 해)에서 윤일을 제외함으로써 정확도를 개선했다.

1575년

혜성의 꼬리

1577년

밝은 **혜성**이 나타났다. **튀코 브라헤**는 이 혜성이 시차를 보이지 않는다는 점에서 달보다 더 멀리 떨어져 있다는 사실을 알아냈다. 그는 혜성의 궤도를 그려서 혜성이 태양 주위를 돈다는 것도 지적했다. 이로써 혜성은 이전 사람들이 믿었던 것처럼 지구 대기에서 일어난 효과가 아니라는 사실이 밝혀졌다. 브라헤는 태양과 달이 지구 주위를 돌고 다른 모든 천체가 태양 주위를 도는 태양계 모형에 혜성을 추가했다.

· 천문학자 튀코 브라헤 ·

튀코 브라헤는 망원경이 없던 시대의 마지막을 빛낸 천문학자였다. 그는 덴마크에 있던 자신의 천문대에서 수년 동안 매일 밤 하늘을 세심히 관측했다. 브라헤는 말코손바닥사슴을 길렀고, 결투를 하다가 코를 잃어 금속 코를 착용하고 다닐 만큼 혈기왕성한 인물이었다. 그는 하늘이 변하지 않는다는 생각이 틀렸음을 보여 주었다.

1584년

이탈리아의 수도사 **조르다노 브루노**는 별이 멀리 있는 태양이고 지구와 태양은 모두 움직이는 존재이며, 우주는 무한하다고 주장했다. 이러한 주장과 여러 발언으로 그는 1600년에 이단으로 몰려 화형당했다.

튀코 브라헤와 그가 기른 말코손바닥사슴

1590년

네덜란드의 어느 렌즈 제작자가 물체를 확대해서 볼 수 있는 도구인 **현미경**을 발명했다. 현미경과 곧 등장한 망원경에는 같은 기술이 사용되었다.

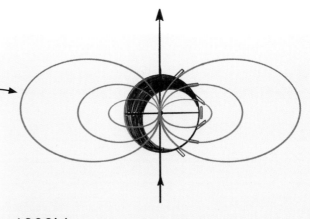

이 선들은 자기장을 보여 준다. 작은 막대는 지구 주위에서 자석이 배열되는 모양이다.

1600년

윌리엄 길버트는 지구의 **자기장**을 설명하고 모든 별이 지구에서 같은 거리에 있는 것은 아니라고 주장했다. 그의 연구는 그가 사망한 후인 1651년에 출판되었다.

1599년

중첩된 입체 모형을 뒷받침할 더 많은 자료를 찾고 있던 **요하네스 케플러**는 튀코 브라헤와 함께 일하게 되었다. 브라헤가 사망하자 케플러는 그의 자료와 연구를 이어받았다.

1603년

1596년

요하네스 케플러는 그가 완벽하다고 생각한 다면체 다섯 종류(정팔면체, 정십이면체, 정이십면체, 정사면체, 정육면체)를 가지고 행성의 궤도를 정의할 수 있다고 생각했다. 이 다면체들은 모든 모서리에 닿는 구와 모든 면에 닿는 구를 각각 바깥쪽과 안쪽에 만들 수 있다. 예를 들어 정육면체는 목성(안쪽)과 토성(바깥쪽)의 궤도를 정의했다. 케플러는 화성과 목성 사이의 간격이 너무 넓어서 그 사이에 행성이 발견될 것이라고 예측했다.

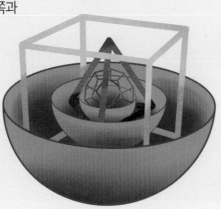

~1602년

윌리엄 길버트가 그린 **달 지도**는 망원경 이전 시대에 그려진 달 지도 중 유일하게 지금까지 남아 있다. 하지만 그가 사망하고 1653년에 출판되었기 때문에 천문학에는 아무런 영향을 미치지 못했다.

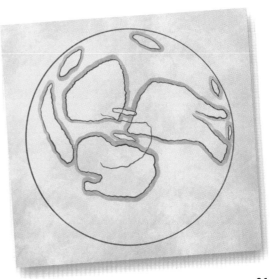

1604년~1611년

17세기 초는 아마도 우주 과학 역사상 세상이 가장 많이 바뀐 흥미진진한 시기였을 거예요. 망원경이 발명되고 케플러의 태양계 모형이 발표되면서 천문학이 완전히 달라졌거든요. 이 시기에는 망원경 없이 지구에서 볼 수 있었던 마지막 초신성도 목격되었고, 전통적인 천체관을 뒤집는 관측 결과도 발표되었어요.

1604년

우리은하에서 마지막으로 관측된 초신성이 하늘을 밝혔다. 이것은 **케플러 초신성**이라는 이름으로 알려져 있다. 케플러가 이 초신성이 지구와 가까이 있는 것이 아니라 멀리 떨어져 있다고 설명하는 글을 썼기 때문이다. 이는 아리스토텔레스가 틀렸고 하늘도 변할 수 있다는 가장 설득력 있는 증거였다. 케플러는 초신성이 새로운 별의 탄생이라고 말했지만, 실제로는 오래된 별의 죽음이었다.

1609년

영국의 천문학자 토머스 해리엇은 처음으로 **망원경을 통해 본 달**을 그렸다.

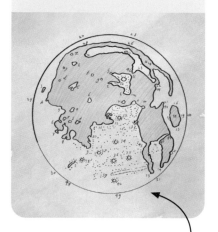

해리엇의 달 그림은 망원경을 통해 우주에 있는 물체를 그린 최초의 그림이다.

1604년

1608년

망원경은 네덜란드에서 안경을 만들던 한스 리퍼세이가 발명했다. 망원경은 멀리 있는 물체를 더 가까이 볼 수 있게 해 주었고, 천문학뿐만 아니라 배 위에서도 즉시 유용하게 사용되었다. 최초의 망원경으로는 사물을 최대 6배까지만 확대할 수 있었다.

1608년

시몬 스테빈은 달이 바다를 당겨 **밀물과 썰물**이 생긴다고 제안했다.

1609년

이탈리아의 과학자 **갈릴레오 갈릴레이**는 이전보다 더 강력한 망원경을 직접 만들었다. 그는 달, 행성, 은하수를 관찰하며 획기적인 발견을 하기 시작했다.

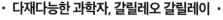

· 다재다능한 과학자, 갈릴레오 갈릴레이 ·

역사상 가장 중요한 과학자로 손꼽히는 갈릴레오는 천문학뿐만 아니라 역학에서도 많은 발견을 이뤄 냈다. 망원경으로 태양계를 연구한 그는 행성들이 지구 대신 태양 주변을 도는 코페르니쿠스 모형을 지지했다. 그는 이 이론을 가르치다가 가톨릭교회와 갈등을 빚었고, 사람들을 가르치지 못하게 집에 감금되어 지내다가 사망했다.

1609년

갈릴레오도 망원경을 통해 본 달의 모습을 그렸다. 그는 달에서 산과 **크레이터를** 발견하고는 크레이터 몇 개의 깊이를 계산했다. 이는 달 표면이 완벽하게 매끄럽다는 기존의 관념을 뒤집었다.

1609년

케플러는 행성이 **태양에 가장 가까이 있을 때 가장 빠르게 움직인다**는 사실을 보여 주었다. 행성은 같은 기간 동안 공전 궤도에서 같은 면적을 이동한다.

행성이 태양에서 멀리 떨어져 천천히 움직일 때는 더 짧은 거리를 가지만 가까운 곳에서 더 빠르게 움직일 때와 같은 면적을 차지한다.

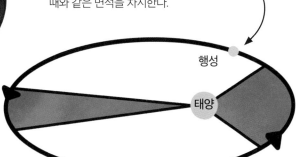

1610년

프랑스의 아마추어 천문학자 니콜라클로드 파브리 드 페이레스크는 망원경으로 본 **오리온성운**을 묘사했다. 오늘날 오리온성운은 새로운 별이 만들어지는 영역으로 알려져 있다.

1610년

해리엇은 망원경으로 **흑점**을 관측했다. (절대로 태양을 직접 봐선 안 된다. 망원경으로는 특히 더!)

1611년

1609년

요하네스 케플러는 행성이 원형이 아닌 **타원형 궤도**를 따라 돈다는 글을 썼다. 이 모형에 따라 예측해 보니 관측된 행성의 움직임과 완벽하게 일치했다.

여기서 붉은색 궤도는 완벽한 원이고 녹색은 타원(찌그러진 원)이다. 일부 궤도는 분홍색으로 표시된 왜소행성 명왕성의 궤도와 같이 다른 궤도보다 더 이심률(찌그러진 정도)이 크다.

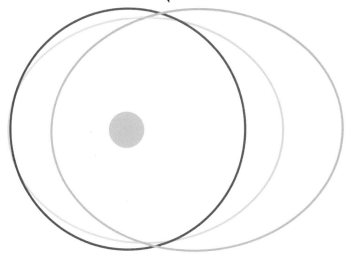

갈릴레오가 목성의 위성들을 그린 그림. 원은 목성이고 별 표시는 위성을 나타낸다.

1610년

갈릴레오가 망원경으로 천체를 관측하여 목성에 위성이 4개 있고, 은하수는 별들의 띠이며, 달에는 크레이터가 있고, 금성도 위상을 가진다고 발표했다. 그의 발견은 **태양 중심 태양계 모형**을 뒷받침했다.

1611년

시몬 마리우스가 목성의 위성에 대한 글을 썼다. 그는 나중에 망원경을 통해 본 안드로메다은하를 묘사하기도 했다. 이 안드로메다은하와 페이레스크가 본 오리온성운은 흐릿한 빛의 덩어리로 보였고 나중에 '**성운**'이라고 불리게 되었다.

다시 상상하는 세상

1608년에 망원경이 발명되면서 천문학은 완전히 바뀌게 되었어요. 천체의 위치를 추적하는 데 그치지 않고 처음으로 천체를 관찰할 수 있게 되었지요. 행성은 빛의 점이 아닌 원반처럼 보였고, 어떤 행성들은 위성을 가지고 있거나 표면에 일정한 모양이 보이기도 했어요. 또한 망원경 덕분에 상상할 수 없을 정도로 많은 수의 별이 추가로 밝혀졌지요. 시간이 흐르고 기술이 발전하면서 천문학자들은 하늘에서 더 많은 행성과 새로운 유형의 천체를 발견했답니다.

첫 번째 도구

최초의 망원경은 **굴절 망원경**이었어요. 멀리 있는 물체에서 망원경으로 들어온 빛이 렌즈를 거쳐 한 곳으로 모이면 두 번째 렌즈인 접안렌즈에 상이 맺혔죠. 첫 번째 렌즈는 크기가 커서 많은 빛을 모으고 작은 렌즈인 접안렌즈에 초점을 맞추는 역할을 했어요. 그래서 물체를 더 크고 밝게 볼 수 있었지요. 빛이 접안렌즈에 도달하기 전에 교차하는 탓에 대상이 거꾸로 보이긴 했지만요. 최초의 굴절 망원경은 단순히 양쪽 끝에 렌즈가 달린 긴 통이었답니다. 배율은 렌즈의 크기와 품질, 통의 길이에 따라 달라졌어요. 나중에 망원경은 접안렌즈를 조정해서 상을 더 선명하게 할 수 있도록 개선됐어요.

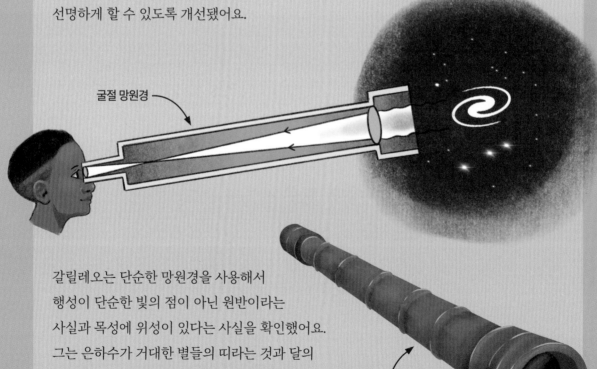

굴절 망원경

갈릴레오는 단순한 망원경을 사용해서 행성이 단순한 빛의 점이 아닌 원반이라는 사실과 목성에 위성이 있다는 사실을 확인했어요. 그는 은하수가 거대한 별들의 띠라는 것과 달의 표면에 무늬가 있다는 것, 태양에 흑점이 있다는 것도 목격했지요.

초창기에 만들어진 망원경

신의 질서를 흐트러뜨리다

1600년대 초 가톨릭교회는 신이 변하지 않는 우주를 완성하고 그 중심에 인간을 두었다고 믿었어요. 가톨릭교회가 등장하기 전에 아리스토텔레스와 프톨레마이오스도 이런 주장을 했지요. 사람들은 대부분 이 주장을 받아들였어요. 하지만 망원경은 다른 현실을 보여 주었답니다. 1613년에 갈릴레오는 금성도 보름달과 초승달을 오가는 달처럼 모습(위상)이 바뀐다는 사실을 발견했어요. 수성도 마찬가지였어요. 하지만 지구보다 태양에서 멀리 떨어진 행성은 모양이 바뀌지

갈릴레오가 그린 금성의 위상

않았어요. 그러려면 **태양이 태양계의 중심에 있어야** 했죠. 지구가 태양계의 중심에 있다면 위상이 생길 수 없으니까요. 갈릴레오의 망원경은 태양이 중심에 있다는 사실을 보여 주었어요. 매끄럽고 고른 상태를 완벽한 것이라고 한다면, 망원경이 밝혀낸 흑점과 분화구의 존재는 천체가 완벽하지 않다는 사실을 의미하기도 했지요.

문제를 일으키다

가톨릭교회는 태양계에 대한 코페르니쿠스의 설명이 행성의 위치를 예측하는 수학적 모형으로 사용되는 한에서는 순순히 내버려 두었어요. 하지만 갈릴레오가 태양 중심설을 사람들에게 가르치는 것까지 허락하지는 않았어요. 케플러가 행성의 타원 궤도를 설명하고 그 모형이 단순한 수학적 도구 이상이라는 것이 분명해지자 **교회는 과학에 반대되는 행동을 하기 시작**했어요. 갈릴레오는 체포되어 심문을 받았고, 결국 태양계의 실제 모습을 가르치지 못하게 됐어요.

망원경은 은하수의 별들을 드러내 보였다.

갈릴레오가 그린 은하수 그림

반사된 우주

1600년대 중반에 아이작 뉴턴이 만든 **반사 망원경**은 하늘을 더 선명하게 볼 수 있도록 해 주었어요. 반사 망원경은 렌즈 대신 거울을 사용해서 먼 물체에서 오는 빛의 방향을 바꿨지요. 첫 번째 거울에 도달한 빛은 반사되어 두 번째 거울에 초점이 맞춰지고, 다시 접안렌즈를 향해 반사돼요.

반사 망원경

1612년~1654년

망원경이 발명되자마자 천문학에서는 격렬한 논쟁이 벌어졌어요. 교회는 여전히 지구가 태양계의 중심에 있다는 주장을 고집했지요. 그렇게 진실을 조금 더 오랫동안 억누를 수 있었지만 점점 더 많은 천문학자들이 코페르니쿠스와 케플러가 옳다고 확신하게 되었어요.

1625년

벨기에의 화학자 얀 밥티스타 판 헬몬트가 처음으로 **수소**를 설명했다. 수소는 우주에서 가장 흔하고 가장 먼저 만들어진 원소이다.

1612년

갈릴레오는 망원경으로 **해왕성**을 보고 이것이 움직인다는 사실을 알아 보았지만 해왕성이 행성이라는 사실까지는 알지 못했다.

1616년

가톨릭교회는 태양 중심 태양계 모형이 어리석고 **이단적**인(기독교 신앙에 반하는) 모형이라고 선언했다. 코페르니쿠스의 책은 1620년에 태양 중심설을 사실에 대한 진술이 아닌 일종의 제안이나 유용한 모형으로 제시하도록 '정정'될 때까지 출판이 금지되었다.

1627년

요하네스 케플러가 별 1,000개의 위치 목록을 만들고 행성을 찾기 위한 방향을 제시한 튀코 브라헤의 연구를 완성하여 출판했다. 여기에는 당시까지 출판물 중 가장 정확하고 완전한 설명이 담겨 있었다.

1612년

1613년

갈릴레오는 **금성의 위상 변화**와 태양 **흑점**의 존재를 발견하여 발표했다. 금성의 위상 변화는 태양 중심 태양계 모형이 맞다는 결정적인 증거였다.

갈릴레오가
그린 흑점

· 흑점의 관측 ·

중국 천문학자들은 기원전 28년에 흑점을 기록했고, 유럽에서는 기원전 467년에 아낙사고라스가 흑점을 보았을 가능성이 있다. 갈릴레오와 해리엇은 1610년에 흑점을 관측했고, 1611년 요하네스 파브리치우스가 처음으로 발표했다. 처음에 사람들은 흑점이 태양 주위를 도는 물체의 그림자거나 태양 대기의 구름이라고 생각했다.

두 개의 '꼬리'를 가진 혜성. 기체 꼬리와 먼지 꼬리이다.

1618년

요한 뱁티스트 시사트가 자신의 망원경으로 1618년의 **'대혜성'**을 연구하고 태양 근처를 지나는 동안 핵의 모양이 변할 수 있는 혜성의 구조를 설명했다. 그는 혜성이 태양 주위를 포물선 경로를 따라 움직인다고 제안했다.

1632년

갈릴레오가 매달린 줄을 이용해 **별의 겉보기 크기**를 측정하는 방법을 설명했다. 천장에 줄을 매달고 줄이 별을 완전히 덮을 때 줄에서 눈까지의 거리를 측정하여 별의 크기를 계산하는 방법이었다.

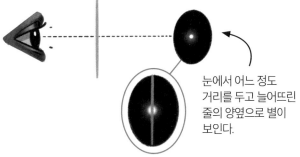

눈에서 어느 정도 거리를 두고 늘어뜨린 줄의 양옆으로 별이 보인다.

줄을 눈 쪽으로 당기다 보면 별이 완전히 가려진다.

1654년

아일랜드의 성직자 제임스 어셔는 성경에 등장하는 인물들의 나이를 근거로 **지구의 창조 연대**를 기원전 4004년으로 계산했다. 그 후 약 200년 동안 사람들은 지구의 나이가 대략 6000년이라고 생각했다.

1654년

1645년

미하엘 판랑그렌이 달의 일부 지역에 이름을 붙여 최초의 **달 지도**를 출판했다.

1633년

갈릴레오가 **이단 혐의로 유죄 판결**을 받았다. 그는 지구가 태양 주위를 돈다는 주장을 결국 취소할 수밖에 없었다. 그는 1642년에 사망할 때까지 8년 동안 집에 갇혀 지냈다. 가톨릭교회는 1992년에야 갈릴레오가 옳았다고 인정했다.

1650년

독일에서 오토 폰 게리케가 **공기 펌프**를 개발해 **진공**(아무것도 없는 공간)이 가능하다는 사실을 증명했다. 그는 펌프로 금속 반구 두 개에서 공기를 제거한 다음 외부 공기의 압력으로만 반구가 붙어 있도록 했는데, 말 여러 마리로 잡아당겨도 떼어 낼 수 없었다.

1634년

케플러가 1608년에 쓴 소설을 그의 아들이 출판했다. 여기에는 달에서 지구를 보는 상상이 묘사되어 있었다. 이것은 **최초의 SF 소설** 중 하나로 꼽힌다.

1655년~1674년

망원경이 발전하면서 유럽의 천문학자들은 태양계에 대해 더 많은 것을 발견했다. 그들은 다른 행성 주변에서 더 많은 위성을 발견하고 토성의 고리가 무엇인지 알아냈으며, 목성의 '대적점'을 발견했다. 그들은 표면의 특징이 다시 나타나는 시간을 측정하여 다른 행성의 하루 길이(자전 주기)를 계산할 수 있었다.

1664년

영국의 과학자 로버트 훅이 **목성의 커다란 붉은 반점**을 보고 설명을 남겼다. 목성에는 여전히 '대적점'이 있지만, 훅이 같은 것을 보았는지는 확실하지 않다. 오늘날 이것은 바람이 최대 시속 645km으로 부는 거대한 폭풍으로 알려져 있다. 크기가 지구보다도 크다. 현재의 대적점은 150년 동안 관측되었지만 1600년대 후반에서 1800년대 후반 사이에는 관측된 기록이 없다.

1655년

크리스티안 하위헌스가 토성의 가장 큰 위성인 **타이탄**을 발견했다.

1656년

하위헌스는 당시 어떤 시간 측정 방식보다도 정확한 **진자 시계**를 발명했다. 이를 통해 천체 관측 시간을 훨씬 더 정확하게 측정할 수 있게 되었다.

1659년

하위헌스는 화성이 자전하는 데 걸리는 시간을 지구의 자전 주기와 같은 24시간으로 계산했다. 실제 **화성의 자전 주기**는 24.6시간이다.

1655년

1655년

하위헌스는 **토성의 고리**가 토성 주위를 도는 암석으로 이루어져 있다는 사실을 알아냈다. 갈릴레오는 고리가 위성일 거라고 생각했지만 행성 옆에 붙은 '귀'처럼 보이자 당혹스러웠다.

갈릴레오(위)와 하위헌스(아래)가 그린 토성

1665년

조반니 도메니코 카시니는 목성이 회전할 때 목성의 위성이 다시 나타나는 데 걸리는 시간을 이용하여 **목성의 자전 주기**(하루 길이)를 측정했다. 그가 측정한 9시간 56분은 오늘날 측정한 값보다 2분 정도 더 길었다.

목성의 대적점. 카시니의 그림(위)과 현재의 관측(아래)

1665년

독일의 천문학자 아브라함 일레가 **구상성단** M22를 최초로 발견했다. 그 이전에는 오늘날 켄타우루스자리 오메가라고 불리는 구상성단을 망원경 없이도 볼 수 있었지만, 그냥 하나의 별로 여겼다.

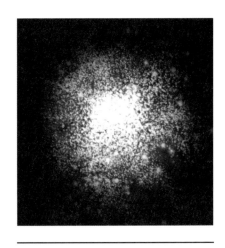

· 별의 구름, 구상성단 ·

구상성단은 천만 개에 달하는 별로 구성된 거대한 별의 구름이다. 크기는 300광년에 이를 수 있지만 지구에서 멀어서 작게 보인다. 우주에서 가장 오래된 별들이 있으며 은하 바깥쪽에서 발견된다. 우리은하에는 약 150개의 구상성단이 있다.

1668년

아이작 뉴턴은 굴절 망원경의 렌즈 대신 거울을 사용하여 **반사 망원경**을 만들었다. (▶35쪽) 1663년에 제임스 그레고리도 이러한 생각을 했지만, 실제로 만들지는 못했다.

1666년

폴란드의 천문학자 스타니스와프 루비에니에츠키가 전 세계에서 그때까지 관찰된 혜성들에 관해 가장 완전한 설명을 출판했다. 그는 기록된 모든 혜성에 대한 설명을 수집하고 최근 혜성이 관측된 위치를 보여 주는 지도를 만들었다.

1674년

· 뛰어난 과학자 뉴턴 ·

아이작 뉴턴은 세계에서 가장 뛰어난 과학자이자 수학자로 손꼽힌다. 그는 광학에 대한 광범위한 연구뿐만 아니라 중력을 설명하고 중력이 어떻게 행성을 궤도에 유지하는지 보여 주었다. 뉴턴의 세 가지 운동 법칙은 우주에서 사물이 움직이는 방식을 설명한다. 그의 연구는 자연 세계를 설명하고 사물의 작동 방식에 대한 법칙을 공식화하기 위해 수학을 성공적으로 사용한 최초의 사례라고 할 수 있다.

1672년

뉴턴은 백색광을 붉은색에서 보라색에 이르는 **스펙트럼**으로 나누는 연구를 발표했다. 그는 스펙트럼을 다시 백색광으로 재구성할 수도 있었다. 이는 1800년대 후반에 완성된 파장이 다른 다양한 유형의 전자기 복사를 이해하는 첫 번째 단계였다.

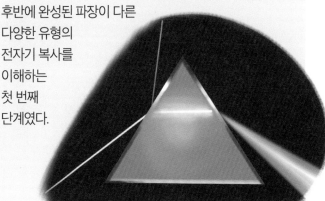

39

1675년~1719년

행성들이 태양 주위를 어떻게, 그리고 왜 움직이는지 설명해 낸 뉴턴 이후, 우주를 수학의 언어로 설명하고 이해할 수 있다는 것이 분명해졌어요. 이제는 물리 법칙만으로도 충분해졌기 때문에 천체를 궤도에 유지하기 위해 신의 손길이 필요하지 않게 되었지요.

1690년

영국의 천문학자 존 플램스티드가 **천왕성**을 보았지만 행성이라고 알아 보지는 못했다. 천왕성은 1781년에 행성으로 인식되었다.

1675년

카시니는 **토성**에 많은 **고리**가 있고 고리 사이에 틈이 있다는 사실을 발견했다. 가장 큰 틈새는 오늘날 카시니 간극이라고 불린다.

1679년

에드먼드 핼리가 남반구에서 볼 수 있는 별 341개를 지도로 정리해 출판했다.

1680년

1680년의 **대혜성**이 망원경으로 처음 관측되었다.

1695년

하위헌스는 다른 별인 **시리우스**의 거리를 계산했다. 그는 태양의 밝기와 시리우스의 밝기를 비교했다. 그는 모든 별의 밝기가 똑같다고 가정했지만, 실제로 시리우스는 태양보다 25배나 밝기 때문에 그의 계산은 틀렸다.

1675년

1676년

덴마크의 천문학자 올레 뢰머가 처음으로 **빛의 속력**을 측정했다. 그가 계산한 값은 초속 21만 1,000km였는데, 오늘날 빛의 속력은 초속 약 30만 km로 알려져 있다.

· 빛의 속력 계산하기 ·

올레 뢰머는 지구가 목성에 가까워짐에 따라 목성의 위성 이오가 가려지는 간격이 줄어든다는 사실을 발견했다. 그는 이것이 목성에서 지구까지 빛이 도달하는 데 걸리는 시간 때문이라는 것을 깨달았다. 빛이 지구 궤도를 통과하는 데 걸리는 시간을 계산하고 이를 거리로 나누면 빛의 속력이 나온다.

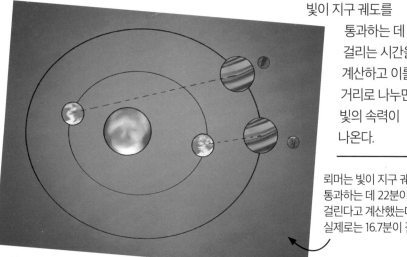

뢰머는 빛이 지구 궤도를 통과하는 데 22분이 걸린다고 계산했는데, 실제로는 16.7분이 걸린다.

1687년

아이작 뉴턴은 **운동 법칙과 중력 이론**을 사용하여 행성이 태양의 주위를 돌고 위성이 그 행성의 주위를 도는 원리를 설명했다. 그의 저서 《프린키피아》는 역사를 통틀어 매우 중요한 과학 책 중 하나이다.

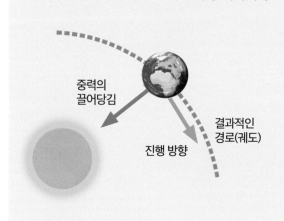

중력의 끌어당김

진행 방향

결과적인 경로(궤도)

1698년

하위헌스는 사후에 출판한 책에서 태양계의 다른 행성에도 생명체가 존재할 수 있고, 물은 생명체에 필수 요소라고 주장했다. 그는 생명체가 행성 사이를 이동할 수 없도록 신이 행성들을 멀리 떨어뜨려 놓았다고 주장했다.

1705년

에드먼드 핼리는 혜성에 대한 일부 역사적 기록에서 같은 혜성이 일정한 간격을 두고 돌아온다는 사실을 깨닫고 1531년, 1607년, 1682년에 관측된 혜성이 1758년에 다시 올 것이라고 예측했다. 이 혜성에는 오늘날 '**핼리 혜성**'이라는 이름이 붙여졌다. 그는 이 혜성을 직접 보지는 못했지만, 적어도 태양 주위를 도는 혜성들이 있다는 사실을 보여 주었다.

1715년

핼리는 성운이 별들 사이에 있는 **기체 구름**이라고 제안했다.

1719년

약 1704년

최초의 현대식 **오레리**가 만들어졌다. 오레리는 시계 장치를 갖추어 행성의 움직임을 모방하는 기계식 태양계 모형이다.

· 서로 당기는 힘, 중력 ·

아이작 뉴턴은 중력이 질량을 가진 물체 사이에 작용하여 서로 끌어당기는 힘이라고 설명했다. 이 힘은 별이나 행성과 같은 큰 물체뿐만 아니라 작은 물체에도 있다. 사과가 떨어지는 이유는 지구의 중력이 사과를 끌어당기기 때문이지만, 사과도 지구를 미세한 중력으로 끌어당긴다. 행성이 별의 궤도를 돌 때 중력은 두 천체를 서로 끌어당긴다. 그렇지 않으면 행성은 별을 지나 일직선으로 움직일 수 있지만, 중력은 끊임없이 행성의 탈출을 방해하여 별 주위를 돌게 한다.

1718년

핼리는 별의 '**고유 운동**', 즉 지구에 가까운 별이 더 먼 별에 비해 많이 움직이는 것을 발견했다. 고유 운동은 시차와 다른데, 시차를 보이는 별은 1년 뒤에 같은 위치로 돌아오지만 고유 운동은 해가 지날수록 같은 방향으로 계속된다.

혜성

혜성은 오랫동안 사람들을 매료했어요. 혜성은 몇 주나 몇 달 동안 나타났다가 서서히 사라져요. 때로는 다시 돌아오는 것도 있지만 어떤 혜성들은 왔다가 영원히 사라지는 것처럼 보여요. 별과 달리 혜성에는 빛나는 꼬리가 있어요. 별에서 메시지를 찾는 문화권에서 혜성의 출현은 항상 중요하고 종종 두려운 사건이었어요.

중국의 혜성

초기 중국 천문학자들은 점성술사이기도 했어요. 그들의 주요 임무는 천체의 움직임을 추적하고 예측하는 것이었어요. 특히 일식, 월식이나 혜성과 같은 특이한 현상은 **지구의 중요한 사건을 예고**하는 것으로 여겨졌어요. 천문학자들은 특히 황제를 놀라게 하는 사건이 홍수나 지진과 같은 어려움과 겹쳐서 발생하면 곤경에 처할 수 있었어요. 중국 천문학자들은 혜성을 '빗자루 별'이라고 불렀고, 기원전 185년에 비단으로 혜성에 관한 책을 만들 정도로 혜성에 대한 상세한 기록을 남겼어요.

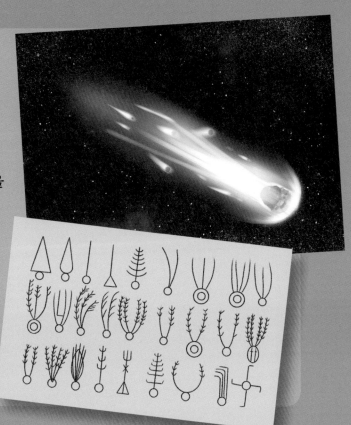

혜성을 기록한 중국의 그림

무엇이, 어디에, 언제?

유럽에서는 오랜 세월 동안 혜성이 지구와 달 사이에 존재한다고 믿었어요. 아리스토텔레스는 기원전 4세기에 혜성이 대기 효과에 의한 것이라고 주장했어요. 1577년 튀코 브라헤의 연구는 혜성이 **우주 공간**에 있으며 태양 주위를 돌고 있다는 것을 보여 주었어요. 1618년에 요한 뱁티스트 시사트는 망원경을 통해 혜성이 태양 주위를 지나면서 **모양을 바꿀 수 있는 핵**을 가지고 있다는 것을 발견했어요. 아이작 뉴턴은 수학적 연구를 통해 혜성이 **포물선 궤도**를 그리며 태양에 다가온다는 사실을 밝혀냈고, 1705년에 에드먼드 핼리는 **일부 혜성이 반복해서 돌아온다**는 사실을 알아냈어요. 그는 1682년에 관측된 혜성이 1758년에 다시 돌아올 것이라고 예측했고, 실제로 그랬지요. 현재 핼리 혜성이라고 불리는 이 혜성은 2061년에 다시 돌아올 예정이에요.

집을 떠나는 혜성

현대의 천문학자들은 많은 혜성이 **태양 주위**를 돌며 멀리 떨어진 카이퍼 벨트나 태양계 가장자리에 있는 오르트 구름까지 간다는 사실을 알고 있어요. 돌아오는 주기가 200년보다 짧은 혜성은 단주기 혜성이라고 하는데, 이들은 카이퍼 벨트에서 와요. 귀환 주기가 더 긴 혜성은 수천 년 또는 수백만 년의 간격을 두고 돌아오곤 하는데, 오르트 구름에서 일부 시간을 보내요.

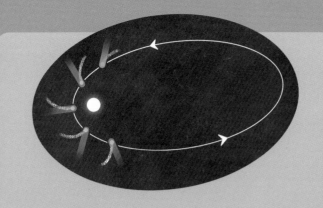

반대로 뻗는 꼬리

별이나 행성과 다른 혜성의 가장 뚜렷한 특징은 **꼬리**예요. 뉴턴은 1687년에 혜성의 가운데에 단단한 몸체(핵)가 있고, 혜성의 몸체가 태양 근처에서 가열될 때 물질이 떨어져 나가면서 꼬리가 생기는 것이라고 말했어요. 실제로 혜성에는 기체와 먼지로 이루어진 꼬리가 두 개 있는데, 둘 다 핵에서 빠져나온 거예요. 혜성의 기체 꼬리는 태양풍에 의해 바깥쪽으로 밀려나기 때문에 항상 태양의 반대 방향을 향해요.

감자와 지저분한 눈덩이

20세기 이전에는 혜성이 무엇으로 만들어졌는지 아무도 알 수 없었어요. 1755년에 이마누엘 칸트는 혜성이 '원시 물질'로 만들어졌으며, 태양에 가까워지면서 혜성의 일부가 증발한다고 제안했어요. 현대 천문학자들은 혜성이 태양계가 시작될 때부터 있던 **먼지, 암석, 얼음**으로 만들어졌다고 생각하므로 칸트의 예상은 확실히 옳았어요. 망원경의 발전으로 혜성의 핵은 행성처럼 둥글지 않고 감자처럼 불규칙한 모양이라는 것이 밝혀졌어요. 1950년 미국의 천문학자 프레드 휘플은 혜성이 암석 덩어리에 얼음이 약간 덧붙은 것이 아니라 대부분 암석 가루가 박힌 얼음으로 이루어진 거대한 '지저분한 눈덩이'라고 제안했어요.

혜성에 가 보면

탐사선이 혜성을 가까이에서 볼 수 있게 되면서 훨씬 더 많은 사실이 밝혀졌어요. 1986년에 핼리 혜성의 꼬리를 통과한 탐사선이 혜성의 핵과 핵에서 증발하며 뿜어져 나오는 물질을 촬영했죠. 꼬리에서 채취한 표본은 태양계 초기에 태양 근처의 고온에서 먼지가 만들어졌다는 사실을 보여 주었어요. 2014년, 필레 착륙선은 혜성에 착륙한 최초의 탐사선이 되었어요.

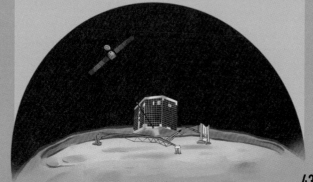

1720년~1764년

망원경의 발전으로 점점 더 많은 것이 밝혀지면서 사람들은 우주에 대한 새로운 생각을 발전시켰어요. 천문학자들은 별들 사이에서 보이는 희미하고 흐릿한 빛의 조각인 성운에 매료되어 그것이 무엇일지 궁금해했지요. 또한 별이 어떻게 형성되는지 생각하기 시작했고, 마침내 우주에서 일어나는 변화를 탐구하기 시작했답니다.

1724년~1730년

인도 자이푸르의 천문학자이자 왕이었던 마하라자 자이싱 2세는 벽돌과 대리석으로 **잔타르 만타르**라는 천문대 다섯 개를 세웠다. 여기에는 2초의 오차로 정확하게 시간을 알려 주는 거대한 해시계를 비롯하여 맨눈으로 천체를 관측할 수 있게 해 주는 대형 기구들이 모여 있었다. 천체의 위치를 파악하고, 시간을 측정하고, 일식과 월식을 예측하고, 일 년 중 가장 짧고 긴 날을 찾아내는 데 사용했다.

1731년

존 베비스가 **게성운**을 처음으로 관측했다. 이것은 1054년에 관측된 초신성의 잔해였다. 그 초신성은 이후로 보이지 않았다.

게성운이 지구에서 보일 정도로 커지고 이를 볼 수 있을 만큼 좋은 망원경이 개발되기까지 거의 700년이 걸렸다.

1720년

1729년

1729년에 나타난 혜성은 지금까지 관측된 혜성 중 가장 컸다. 이 기록은 아직도 깨지지 않고 있다.

1730년

그랑장 드 푸시가 '**아날렘마**'를 개발했다. 아날렘마는 일 년 동안 지구의 같은 위치에서 같은 시각에 태양의 위치를 기록한 그림인데, 8자 모양을 그린다.

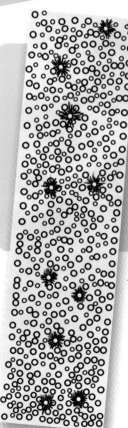

1750년

토머스 라이트는 많은 별로 이루어진 **우리은하**가 납작한 원반 모양이고 태양계는 우리은하의 가운데 즈음에 있다고 말했다. 그는 성운이 아주 멀리 떨어져 있는 어마어마한 별들의 모임일지 모른다고 생각하기도 했다.

라이트가 그린 우리은하의 모습

1751년

프랑스 천문학자 니콜라 루이 드 라카유가 남아프리카의 희망봉에 가서 처음으로 **남반구의 별들**을 정리한 목록을 만들었다. 2년이 넘는 기간 동안 그가 위치를 기록한 별의 개수는 거의 1만 개에 달한다.

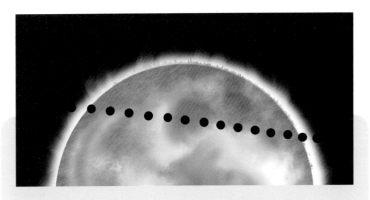

1761년

러시아의 천문학자 미하일 로모노소프는 금성이 태양 앞을 지나갈 때 **금성에 대기가 있다**는 사실을 발견했다. 그는 금성이 태양에 거의 다가갔을 때 금성의 가장자리가 엷게 빛나는 것을 보았는데, 이는 빛을 굴절시킬 수 있는 대기를 가진 행성에서만 나타나는 현상이었다.

1761년

천문학자들은 **태양의 앞을 지나가는 금성**을 관찰하기 위해 북반구와 남반구를 오가며 전 세계를 여행했다. 그들은 에드먼드 핼리가 고안한 방법을 사용해서 **지구와 태양 사이의 거리**를 측정해 보려고 했다. 하지만 전 세계에서 벌어진 영국과 프랑스의 전쟁 탓에 배로 이동하는 것이 어려워졌고, 정확한 계산에 필요한 모든 자료를 완벽하게 수집할 수 없었다.

1764년

1755년

이마누엘 칸트는 **별들이 어떻게 만들어지는지** 설명하기 위해 오늘날 '성운 가설'로 알려진 아이디어를 제시했다. 그는 물질이 서로 끌어당기면서 점점 더 많은 물질이 모이게 된다고 생각했고, 가까이 있는 물질은 서로 밀어내는 힘에 의해 멀어진다고 보았다. 이 두 가지 힘에 의해 성운이 회전하면서 원반 모양으로 평평해진다. 엄청난 에너지를 얻은 성운의 가운데는 빛을 내는 별이 된다. 원반의 나머지 부분은 덩어리지다가 마침내 행성이 된다. 오늘날 별과 행성이 어떻게 만들어지는지 설명하는 방식도 이와 비슷하다.

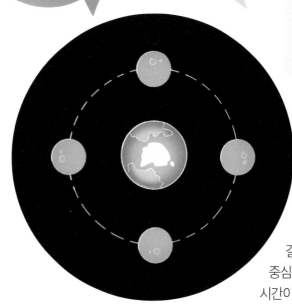

1763년

로모노소프는 지구가 **10만 년 전**에 탄생했을 것이라고 생각했다.

1764년

조제프 루이 라그랑주가 **왜 항상 달이 지구에 같은 면을 보여 주는지** 설명했다. 이는 '조석 고정'이라는 현상으로, 달이 지구 주위를 도는 데 걸리는 시간과 자신의 자전축을 중심으로 한 바퀴 도는 데 걸리는 시간이 같기 때문에 일어난다.

별의 탄생

초창기 조상들은 별이 어떻게 형성되었는지 생각할 때 신들이 별을 만들었거나 별들이 처음부터 있었다고 생각했어요. 우주 과학에서 별과 행성의 형성에 관해 오늘날과 같은 생각이 시작된 것은 1755년에 이마누엘 칸트가 '성운 가설'을 내세웠을 때부터랍니다.

가스와 먼지에서

별은 거대한 먼지와 가스 구름인 **'별의 요람'**에서 생겨나요. 이곳에서는 물질이 모이고 중력에 의해 서로를 끌어당겨요. 허블 우주 망원경과 제임스 웹 망원경과 같은 현대의 우주 망원경 덕분에 우리는 이러한 영역과 나이가 수십만 년밖에 되지 않은 별들을 볼 수 있게 되었어요.

'창조의 기둥'은 먼지와 기체로 이루어진 기둥으로, 이 안에서 새로운 별이 만들어진다. 이 기둥들은 길이가 4~5광년에 이른다.

한 단계씩 차근차근

별은 먼지와 기체 구름의 일부가 자신의 중력에 의해 쪼그라들면서 생겨요. 물질이 서로 끌어당기면서 더욱 촘촘하게 모여드는 것이죠. 이러한 덩어리가 커지면서 질량이 커지게 되고, 질량이 커지면 중력도 더 강해져요. 그러면 더더욱 많은 물질이 모여들지요. 이 과정이 걷잡을 수 없게 되면 주변에 있던 물질이 가운데로 몰리면서 중앙이 점점 더 거대해져요. 이 부분은 **태양 성운**이 되었다가, 새로운 별의 중심이 된답니다.

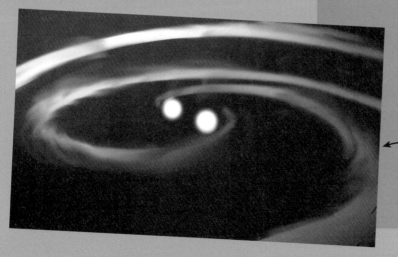

때로는 물질 덩어리에서 별이 두 개 만들어지기도 한다. 이러한 '쌍성'은 상대방의 주위를 공전한다.

빙글빙글 돌고 돌아

새롭게 생성되는 별의 중심은 압력을 받으면서 뜨거워져요. 매우 뜨거운 물질은 에너지의 일부를 빛으로 뿜어내죠. 그래서 탄생 중인 별은 빛나게 돼요. 이때 태양 성운은 돌고 있어요. 태양 성운의 먼지 입자와 같은 것들은 서로 부딪히다가 붙을 수 있는데, 그러면 운동량이 더해져요. 충돌이 점점 많아지면서 **성운에서는 원운동이 시작**되죠. 곧 성운은 먼지와 가스 구름이 뜨겁고 밀도 높은 중심에서 회전하는 모습이 돼요.

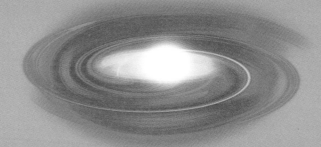

차가운 덩어리가 되다

태양 성운이 회전하면 중심은 점점 더 뜨거워지며 밀도가 높아지지만, 주변을 돌던 물질은 식기 시작해요. 녹아 있던 물질은 식으면서 얼어붙어 먼지 알갱이가 되죠. 중심에서 더 멀리 떨어진 곳에서는 기체조차 얼음 알갱이가 될 정도로 추워져요. 이러한 고체 덩어리들은 탄생하는 별 주위를 돌면서 서로 충돌하고 달라붙으며 서서히 커진답니다. 자, 이제 **'원시 행성계 원반'**이 만들어졌어요. 원반의 물질은 마침내 행성이 될 거예요.
이제 중력은 태양을 만들 때와 같은 방식으로 원반 속 덩어리들을 서로 뭉쳐요. 덩어리들은 원반 안에서 공전하는 동안 더 많은 입자를 끌어당기죠. 큰 덩어리가 지나가는 곳에서는 주변이 정리돼서 텅 빈 고리가 만들어져요.

미행성에서 행성으로

마침내 원시 행성계 원반에는 거의 빈 공간을 지나가는 큰 덩어리들만 남게 돼요. 이 덩어리들이 바로 아기 행성이에요. **미행성**이라고 불러요. 이들은 남은 먼지를 싹싹 쓸어 모으고, 궤도가 교차하면 서로 부딪혀서 더 큰 천체가 되죠. 그렇게 텅 빈 궤도를 돌던 덩어리들은 자신의 중력에 의해 공 모양 행성이 돼요. **행성**들은 같은 평면 위에 있어요. 고리 모양을 그리며 별의 주위를 계속 돌다가 평평한 원반 모양으로 자리 잡은 것이죠. 중심에서는 새로운 별의 밀도가 매우 높아지면서 핵융합이 시작돼요. 원자들이 꽉 눌려 합쳐지면서 우주로 에너지를 쏟아 내는 것이죠. 칸트를 비롯한 초기 과학자들은 별에서 에너지가 어떻게 만들어지는지 몰랐어요. 하지만 중력이 어떻게 작용해 별을 만드는지, 별 주변에서 비슷한 방식으로 행성이 어떻게 탄생하는지에 대해서는 옳았답니다.

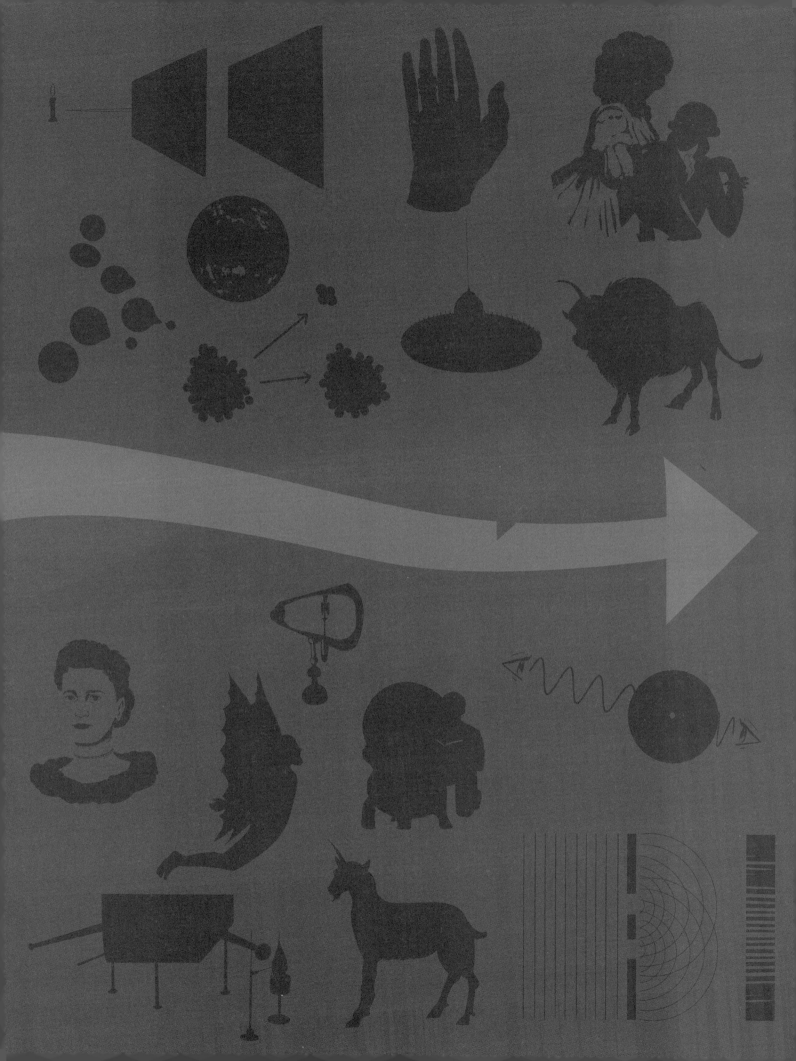

chapter 3

빛과 그 너머

18세기와 19세기에는 천문학에 수학, 물리학, 화학, 지질학이 함께 사용되면서 우주를 이해하기 위한 새로운 시도가 이루어졌어요. 망원경이 더욱 정교해지면서 천문학자들은 새로운 유형의 천체를 발견하고 우주를 더 멀리 볼 수 있게 되었지요. 천문학자들의 생각은 태양과 행성을 가진 다른 은하나 '섬우주'가 존재할 가능성까지 확장되었어요. 이러한 발견과 함께 별과 행성이 어떻게 만들어지고 그 안에서 어떤 일이 일어나는지 알아내려는 욕구도 생겼답니다. 물리학자와 화학자들의 화학 원소, 빛의 성질, 여러 유형의 전자기 복사에 대한 연구는 천문학자들에게 새로운 작업 도구를 제공했어요. 그들은 별이 무엇으로 구성됐는지 탐구하기 시작했고, 별이 어떻게 열과 빛을 만들어 낼 수 있는지에 대해 생각하기 시작했어요. 사람들은 지구와 태양의 나이를 판단하는 다양한 방법을 제안하고 별과 행성의 탄생 과정을 생각했죠. 심지어 태양계가 아닌 다른 곳에 생명체가 존재할 가능성에 대해서도 생각하기 시작했어요. 20세기와 21세기에 천문학자들을 사로잡은 많은 주제들이 이 시기에 처음으로 사람들의 관심을 끌었답니다.

1765년~1789년

망원경의 발전은 태양계 너머에서는 천체가 단순히 '고정된 별'이 아니라는 사실을 밝혀 주었어요. 태양계 안에서는 아직 발견되지 않은 행성이 더 있을지 모른다는 생각도 하게 해 주었죠.

1770년

렉셀 혜성이 지구에서 225만 km 떨어진 곳을 지나갔다. 역사상 기록된 혜성 중 지구에 가장 가까이 접근한 것이었다.

1766년

요한 보데는 별에서 먼 행성일수록 별에서 떨어진 거리가 **두 배씩 늘어난다**고 말했다. 금성은 수성보다 태양에서 두 배, 지구는 금성보다 두 배 더 멀리 떨어져 있는 식이다. 그는 화성과 목성 사이에 행성이 있을 것이라고 예측했는데, 그곳에는 소행성대가 있다. 보데의 규칙은 천왕성에서는 맞지만 해왕성에서는 맞지 않는다.

화성과 목성 사이에는 행성이 없다. 어떤 사람들은 이 영역의 소행성들이 아직 만들어지지 않은 행성의 일부라고 생각했다.

1769년

프랑스와 영국의 천문학자들은 전 세계 곳곳에서 **금성의 태양면 통과**를 관찰했다. 그들은 수집한 자료를 바탕으로 **지구와 태양의 거리**를 1억 5300만 km로 계산했다. 이들의 탐험에는 제임스 쿡 선장이 금성 통과를 관찰하고 '잃어버린' 남쪽 대륙인 호주를 찾기 위해 타히티로 항해한 것도 포함된다.

1765년

1774년

프랑스의 천문학자 샤를 메시에가 밤하늘의 흐릿한 빛 조각인 **성운의 목록**을 처음으로 제작해 출판했다. 이 목록에는 천체 45개가 정리되어 있었다. 그는 원래 혜성을 찾고 있었는데 성운을 혜성과 혼동하지 않기 위해 성운 목록을 만들려던 것이었다. 오늘날에는 110개의 '메시에 천체'가 알려져 있는데, 대부분 먼 은하거나 밀집된 성단이다.

메시에 목록에는 초신성 잔해, 성단, 은하, 그리고 별이 탄생하는 구역이 포함되어 있다.

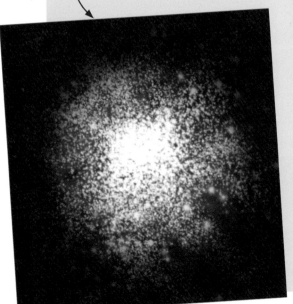

1767년

존 미첼은 **통계를 사용하여 별의 위치를 조사**한 최초의 사람으로, 무작위로 있는 것보다 쌍성이나 성단이 훨씬 더 많이 존재한다는 사실을 발견했다. 1779년 윌리엄 허셜은 쌍성 연구를 시작한 지 얼마 지나지 않아 700개가 넘는 쌍성 목록을 작성했다.

쌍성은 한 쌍의 별이 서로의 주위를 도는 것이다. 대부분의 별은 쌍성계 또는 다중성계의 일부이다.

1779년

조르주루이 르클레르는 지구를 구성한다고 생각한 재료로 작은 지구본을 만들어 가열한 후 냉각 속도를 측정했다. 그는 뜨거운 암석 덩어리가 냉각되어 지구와 같은 상태가 되는 데 걸리는 시간을 바탕으로 **지구의 나이**를 7만 5000년으로 계산했다.

1783년

존 미첼은 빛이 빠져나갈 수 없을 정도로 밀도가 높은 별, 즉 '검은 별'이 존재할 수 있다고 주장했다. 오늘날 우리는 이것을 **블랙홀**이라고 부른다.

1789년

허셜이 **천왕성** 주위에서 고리를 보았다고 보고했다. 천왕성의 고리는 1977년에야 사실로 확인되었는데, 정말로 허셜이 망원경으로 고리를 볼 수 있었는지는 알 수 없다.

1781년

윌리엄 허셜이 **천왕성**을 발견했다. 천왕성의 위치는 행성의 위치를 설명하는 보데의 법칙과 맞았고, 사람들은 화성과 목성 사이에 있는 행성을 더 열심히 찾게 되었다.

1783년

허셜은 다른 별과 짝을 이룬 최초의 **백색왜성**을 발견했다. 백색왜성은 작고 밀도가 높으며 더 이상 에너지를 만들어 내지 않는 죽어 가는 별이지만, 냉각되면서 희미하게 빛난다.

1789년

1789년

앙투안 라부아지에가 현재의 **화학 원소** 체계를 제안했다. 화학 원소는 모든 물질의 기본 구성 요소이며 우주 전체에서 동일하다.

1785년

허셜은 **우리은하의 모양**을 파악하기 위해 673가지 방향에서 보이는 별의 개수를 셌다. 그는 우리은하가 불규칙한 맷돌 모양이라는 결론을 내렸다.

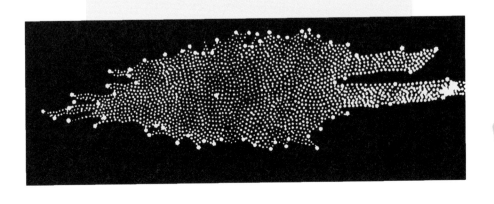

은하수를 따라서

은하는 별들의 거대한 모임이에요. 은하에는 별이 수천억 개씩 들어 있을 수 있어요. 태양계는 우리은하에 있는데, 여러분이 밤하늘에서 볼 수 있는 모든 별은 우리은하에 속해 있어요. 다른 은하도 몇 개 보일 텐데 보통의 별보다 크지 않은 작고 흐릿한 빛의 점으로 보일 거예요.

빛의 띠

우리 조상들은 지금보다 훨씬 선명한 은하수를 볼 수 있었어요. 요즘은 도시와 도로에서 나오는 빛으로 밤하늘이 오염된 곳이 많아요. 은하수는 그런 빛을 이겨내고 빛나 보일 정도로 밝지 않아요. 은하수를 보려면 사막이나 바다, 산과 같이 인공조명이 없고 탁 트인 공간으로 가야 해요. 고대에는 은하수가 너무나 선명하게 보였기 때문에 사람들은 은하수가 무엇인지 설명하기 위한 이야기와 신화를 만들어 냈어요.

나중에 사람들은 **합리적인 설명**을 찾았어요. 기원전 5세기에 그리스의 천문학자 아낙사고라스는 은하수가 지구의 그림자에 가려 선명하게 보이지 않는 별들의 빛이라고 말했어요. 아리스토텔레스를 비롯한 다른 사람들은 은하수가 지구 대기에서 발생하는 효과일 뿐이라고 생각했죠. 11세기의 천문학자 알 비루니는 은하수가 흐린 별들의 파편이라고 주장했고, 13세기에는 알 투시가 은하수는 서로 너무 가까이 있어서 구별되어 보이지 않는 별들의 무리라는 의견을 냈어요. 망원경이 발명되자 알 투시의 주장이 옳았다는 사실이 분명해졌죠. 망원경으로 밤하늘을 본 갈릴레오는 흐릿한 빛의 덩어리(성운)가 서로 너무 가까워서 빛이 합쳐진 별들의 무리라는 사실을 알게 됐어요. 그는 밤하늘에 늘어선 은하수도 셀 수 없이 많은 별들로 이루어진 어마어마한 별무리라는 사실을 알게 되었지요.

갈릴레오가 그린 오리온성운(왼쪽)과 프레세페성단(오른쪽)

우리 위치에서 보면 우리은하는 하늘을 가로지르는 띠처럼 보인다.

별들의 공동체

1750년에 영국의 천문학자 토머스 라이트는 은하수에 **정돈된 구조**가 있다고 최초로 주장했어요. 그는 동그랗게 늘어선 별의 띠에서 빈 공간으로 구분된 중심에 신의 왕좌를 두었어요. 지옥은 별의 띠 너머에 있다고 했죠. 라이트는 지구와 태양계의 나머지가 띠의 가장자리에 있어서(그래서 신성한 영역과 지옥 모두에 가깝다고 보았죠) 이 띠가 하늘을 가로질러 넓게 퍼진 은하수처럼 보이는 것이라고 했어요. 그는 다른 관점에서 전체 구조를 구형으로 보기도 했는데, 이때는 겹쳐 있는 여러 개의 껍질에 별들이 들어 있다고 했어요.

더 많은 은하

1755년에 독일 철학자 이마누엘 칸트는 라이트의 아이디어를 받아들였어요. 칸트는 우리은하가 **중력에 의해 모인 별들이 함께 회전**하는 거대한 모임이라고 주장했죠. 칸트는 우리은하의 가운데에 빈 띠가 없고 별들이 공간을 채우고 있다고 했어요. 그는 물질이 원래 우주 전체에 고르게 퍼져 있었지만, 신이 밀도가 높은 지점 하나를 만들었고 나머지 우주가 이 지점을 중심으로 서서히 정돈됐다고 생각했어요. 칸트는 밤하늘에 보이는 성운 중 일부가 우리은하가 아닌 다른 은하, 즉 '섬우주'일 수 있다고 했답니다. 다만 너무 멀리 떨어져 있어서 작은 점으로 보이는 것이라고 했지요.

밖에서 우리은하를 보면 옆모습이 원반처럼 보일 것이다.

태양과 지구는 우리은하의 가장자리와 중심 사이에서 여기 즈음에 있다.

우주에서 우리는 어디에?

수천 년 동안 사람들은 지구가 우주의 중심이라고 생각했어요. 지구가 태양 주위를 돈다는 사실이 널리 알려진 뒤에야 태양이 우주의 중심이라고 생각했죠. 사실 태양계는 우리은하에서 **소용돌이 모양으로 뻗어 나오는 팔** 중 하나에 있어요. 우리은하의 중심에는 태양보다 질량이 430만 배 큰 거대한 블랙홀이 수성의 궤도보다 작은 공간에 들어가 있어요.

모두 움직인다

은하의 소용돌이 모양은 은하가 **빙글빙글 돌고 있다**는 사실을 보여 줘요. 우리은하는 실제로 회전하고 있죠. 태양과 다른 별들은 우리은하의 가운데를 약 2억 3천만 년마다 한 바퀴씩 돌아요. 가운데에서 가장 가까운 별들은 훨씬 더 빠르게 움직이기 때문에 한 바퀴를 도는 데 겨우 20년밖에 걸리지 않아요.

지구가 우리은하 주위를 돌면 나머지 별들을 보는 우리의 시야도 달라진다.

지구가 우리은하에서 마지막으로 지금과 같은 위치에 있었을 때 지구에는 초기 공룡이 돌아다니고 있었다.

53

1790년~1829년

망원경이 개선되면서 사람들은 우주에 있는 작은 물체를 볼 수 있게 되었어요. 이 무렵 모든 천문학자들은 지구를 비롯한 행성들이 태양 주위를 돈다는 사실을 받아들였죠. 그들은 소행성을 발견하고 유성이 어디에서 오는지 생각하기 시작했어요. 동시에 빛을 연구하는 광학이 발전하면서 천문학이 크게 발전할 수 있는 토대가 마련됐어요.

1800년

윌리엄 허셜은 붉은색 빛보다 파장이 약간 긴 **적외선**을 발견했다. 적외선은 열로 느껴진다. 허셜은 가시광선 스펙트럼 바깥쪽에 온도계를 놓았고, 붉은색 빛 너머에 놓인 온도계가 가장 높은 온도를 기록한다는 사실을 발견했다.

1794년

에른스트 클라드니는 **운석**이 우주에서 온다고 제안했다. 오늘날에는 운석이 태양계가 만들어진 뒤에 남은 돌 부스러기거나 달, 화성, 혜성의 꼬리와 같은 천체에서 떨어져 나왔다는 사실이 밝혀졌다.

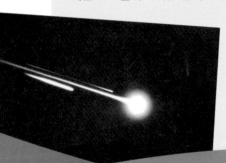

1801년

요한 리터가 가시광선보다 파장이 약간 짧은 **자외선**을 발견했다.

1790년

1796년

프랑스의 피에르 시몽 라플라스가 중력이 빛의 탈출을 막을 정도로 밀도가 높은 천체, 즉 **블랙홀**의 존재를 제안했다.

1800년

프란츠 크사버 폰 자흐는 화성과 목성 사이에 존재할 것으로 추정되는 행성을 찾기 위해 독일에서 '**천체 경찰**'(공식적으로는 연합 천문학회라고 불렸다)이라는 모임을 결성했다.

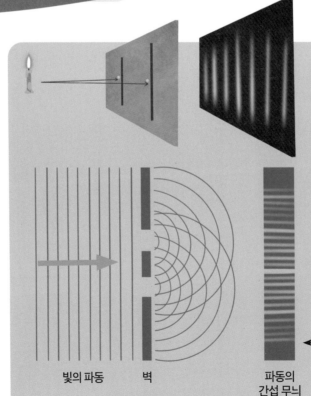

빛의 파동   벽   파동의 간섭 무늬

1801년

토머스 영이 **빛**이 **파동**(물결)처럼 움직인다는 사실을 보여 준 유명한 실험을 수행했다. 이전까지 사람들은 빛이 작은 알갱이로 이루어져 있다고 생각했는데, 영은 두 개의 틈새를 통과한 빛이 스크린에 어둡고 밝은 줄무늬를 만드는 것을 보여 주었다. 이것은 빛이 파동처럼 움직일 때만 생기는 현상이었다.

이중 틈새 실험에서 영은 서로 겹치는 빛의 파동만이 밝고 어두운 띠를 만들어 내는 것을 볼 수 있었다.

1801년

주세페 피아치가 화성과 목성 사이에서 **세레스**를 발견하여 **최초의 소행성**을 기록했다. 그는 처음에는 세레스가 혜성이라고 발표했지만 나중에는 행성이라고 믿게 되었다. 오늘날 세레스는 왜소행성으로 불린다. 허셜은 1802년에 '소행성'이라는 이름을 도입했다.

대부분의 소행성은 화성과 목성 사이의 '소행성대'에서 돌고 있다. 19세기 초에 천문학자들은 이곳에서 '사라진' 행성을 찾아 헤맸다.

· 소행성의 발견과 그 중요성 ·

소행성 팔라스와 주노, 베스타가 각각 1802년, 1804년, 1807년에 발견된 이후로 19세기 중반에는 더 많은 소행성이 발견되었다. 소행성은 대부분 초기 태양계에서 남겨진 암석과 얼음덩어리이다. 소행성은 행성이 어떤 물질로 구성되었는지 알려 줄 수 있기 때문에 천문학자들에게 도움이 된다. 소행성 중에는 세레스처럼 왜소행성으로 분류될 만큼 큰 것도 있고, 훨씬 작은 것도 있다. 일부 소행성은 자신만의 위성을 가지고 있기도 하다.

1821년

알렉시 부바르가 천왕성의 궤도가 불규칙하다는 사실을 발견했다. 그는 이것이 **아직 발견되지 않은 다른 행성** 때문일 것이라고 생각했다.

1829년

1803년

프랑스에 유성우가 쏟아진 뒤에 장바티스트 비오가 떨어진 암석을 연구했다. 운석을 지구의 암석과 비교해 본 그는 **운석이 우주에서 온다는 사실**을 보여 주었다.

1814년

요제프 폰 프라운호퍼가 **태양광 스펙트럼**에서 500개가 넘는 **검은 선**을 기록했다. 이 선들은 1802년에 윌리엄 하이드 울러스턴이 처음 발견했지만, 자세히 분석한 사람은 프라운호퍼가 처음이었다. 이 선들은 특정 파장의 빛이 태양의 원소에 흡수되어 지구에 도달하지 못해 나타나는 것이었는데, 훗날 다른 별에 어떤 화학 물질이 있는지 알아내는 데 중요한 역할을 했다.

프라운호퍼선

1824년

프란츠 폰 그루이투이젠은 달에 있는 **크레이터**들이 운석과 부딪혀서 생긴 것이라고 말했다.

1830년~1844년

1800년대에는 우주에 있는 물체를 측정, 계산하고 정확하게 기록하는 일이 점점 더 실현 가능하고 중요해졌어요. 1839년 사진 촬영 기술의 발명은 우주 과학의 역사에서 매우 중요한 사건으로, 천문학자들이 별, 행성, 그리고 여러 천체의 위치를 정확하고 영구적으로 기록할 수 있게 되었어요.

1833년에 쏟아진 사자자리 유성우는 정말 장관이었다고 한다.

1833년

매시간 유성(별똥별)이 수십만 개씩 떨어지는 '유성 폭풍'이 발생하면서 유성과 운석에 대한 관심이 다시 높아졌다. 1833년 유성은 **사자자리 유성우**로, 템펠-터틀 혜성의 잔해 구름에서 왔다. 템펠-터틀 혜성은 33~34년마다 돌아오면서 새로운 잔해를 더한다.

· 유성우는 어떻게 생길까? ·

유성은 밤하늘에서 빛나는 점이 떨어지는 것처럼 보인다. 지구에 떨어진 유성은 운석이라고 하는데, 대부분은 대기에서 타버린다. 유성우는 지구가 혜성이 남긴 잔해 사이를 지나갈 때 매년 같은 시기에 발생한다.

1830년

1834년~1836년

요한 폰 매들러와 빌헬름 베어가 **달의 지도**를 제작했다. 그들은 달 표면의 지형은 변하지 않으며 달에는 물이나 대기가 없다고 말했다.

1835년

미국의 한 신문에 6부작으로 연재된 **'엄청난 달 거짓말'**이 전 세계를 속였다. 이 이야기는 망원경으로 본 달에 푸른 외뿔 염소와 하늘을 나는 인간이 살고 있었다는 주장을 담고 있었다.

1838년

프리드리히 베셀이 **시차**를 이용해 **지구와 별 사이의 거리**를 재는 법을 확립했다. 베셀은 지구와 백조자리 61이 10.3광년 떨어져 있다고 측정했다. 오늘날 측정한 바에 따르면 백조자리 61은 11.4광년 떨어져 있다.

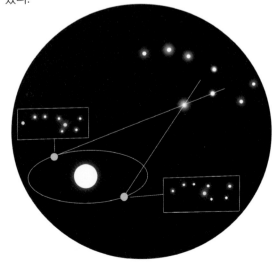

1838년

클로드 푸예가 태양이 내뿜는 열의 양을 계산했다. 푸예는 오늘날 알려진 값의 90%에 해당하는 값을 얻었다. 하지만 그는 **태양의 온도**를 너무 낮은 1,461~1,761℃로 추정했다.

· 태양의 흑점과 자기장 ·

흑점은 태양 표면에서 주변보다 더 차갑고 어두운 영역이다. 태양 자기장이 불안정해질 때 생긴다. 태양의 북극과 남극은 11년마다 서로 바뀌는데, 그래서 흑점의 수와 위치도 규칙적으로 바뀌게 된다.

1843년

1826년부터 1843년까지 태양의 활동을 관찰한 사무엘 하인리히 슈바베는 **흑점의 수**가 일정한 시간 간격으로 늘어나거나 줄어든다는 사실을 발견했다.

1840년

베어와 폰 매들러가 처음으로 **화성의 지도**를 그리고 **화성의 자전 주기**(하루 길이)를 계산했다. 그가 계산한 값은 실제 값인 24시간 37분 22.7초와 거의 똑같았다. 차이는 10분의 1초보다도 적었다.

1842년

크리스티안 도플러가 관찰자를 향해 다가오거나 관찰자에서 멀어지는 물체가 다르게 보이거나 들리는 효과인 '**도플러 이동**'을 발견했다.

1840년

존 드레이퍼가 최초의 **달 사진**을 찍었다. 이때부터 더 자세한 달 사진들이 찍히기 시작했다.

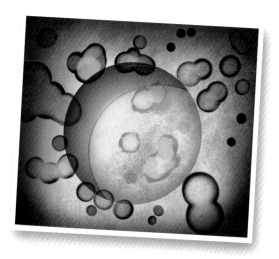

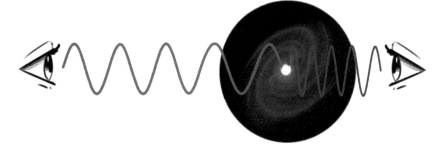

· 소리와 빛이 움직일 때 ·

사실 우리는 소리의 도플러 이동을 잘 알고 있다. 사이렌이나 자동차 소리가 다가올 때와 지나갈 때, 그리고 멀어질 때 다르게 들리던 것을 떠올려 보자. 사람을 향해 물체가 다가오면 파동이 압축되면서 소리의 파장이 짧아진다. 멀어지면 파장이 길어진다. 빛에서도 같은 현상이 일어난다. 지구를 향해 움직이는 별에서 나오는 빛은 파장이 압축되어 더 푸르게 보인다. 멀어지는 별에서 나오는 빛은 더 붉게 보인다. 붉은빛의 파장이 더 길기 때문이다.

1845년~1859년

19세기 중반에는 사진 기술이 더욱 발전하여 태양에 관한 자세한 정보가 밝혀졌어요. 망원경으로 태양을 보는 것은 너무 위험해서 태양을 관찰하고 기록하기 어려웠죠. 사진과 분광학이 발전하고 나서야 마침내 태양의 활동과 구성을 연구할 수 있게 되었어요.

1846년

독일의 천문학자 요한 고트프리트 갈레가 **해왕성**을 발견했다. 해왕성의 존재와 있을 만한 위치를 예측한 사람들이 있었지만, 직접 본 것은 그가 처음이었다.

1845년

마이클 패러데이는 한 방향으로만 진동하는 빛이 투명한 물질을 통과할 때 자기장과 영향을 주고받는다는 사실을 발견했다. 이 발견은 **빛과 전자기** 사이에 연관성이 있다는 것을 보여 주었다.

1845년

지금까지 남아 있는 가장 오래된 태양 사진에는 **흑점**이 보인다.

· 천왕성의 비밀과 발견 ·

천왕성이 1781년에 발견되고 태양 주위를 거의 한 바퀴 돌았기 때문에 천문학자들은 천왕성의 궤도를 충분히 관찰하고 이상한 점을 발견했다. 이는 천왕성을 끌어당기는 다른 행성의 중력 때문일 수 있었다. 프랑스의 위르뱅 르베리에와 영국의 존 애덤스는 각각 새로운 행성의 궤도와 위치를 계산했다.

1845년

1845년

윌리엄 파슨스(로스 백작)가 최초의 '거대 망원경'을 만들었다. 당시에 세계에서 가장 큰 망원경이었다. 그는 이 망원경을 사용하여 당시 '소용돌이 성운'으로 불렸던 **소용돌이 은하**의 나선형 모양을 발견했다.

· 은하의 모양과 구조 ·

많은 은하는 가운데가 원이나 타원, 막대 모양인 소용돌이처럼 보인다. 수백만 개의 별들로 이루어진 '팔' 여러 개가 가운데를 중심으로 돌고 있다. 은하 전체가 회전한다.

파슨스의 망원경은 지름이 183cm나 됐다.

1846년

해왕성의 발견은 행성 사이의 거리에 관한 **티티우스-보데 법칙**이 맞지 않는다는 것을 보여 주었다. 행성의 궤도가 법칙에 따른 위치와 맞지 않기 때문이었다.

1848년

해왕성의 궤도에서도 천왕성처럼 이상한 점이 보였지만 당시에 새로운 행성은 발견되지 않았다.

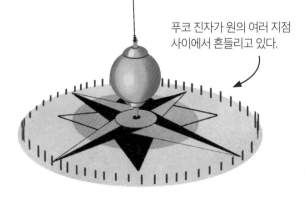
푸코 진자가 원의 여러 지점 사이에서 흔들리고 있다.

1851년

레옹 푸코가 지구가 자전축을 중심으로 돌고 있다는 것을 증명했다. 그는 원을 그려 놓고 거대한 **진자**를 매달아서 이 사실을 증명했다. 진자 아래에서 지구가 회전하면서 흔들리는 방향이 원 안의 표시에 대응해 바뀌는 것이 보였고, 24시간마다 완전히 한 바퀴를 돌았다.

1859년

찰스 다윈이 지구에 다양한 생명체가 존재하게 된 이유를 설명하는 **진화론**을 출판했다. 지구가 아주 오래되지 않았다면 수많은 다양한 생물체가 진화할 시간이 없었을 것이기 때문에 다윈의 주장은 지구가 젊다는 생각과 모순되는 것이었다.

1859년

로베르트 분젠과 구스타프 키르히호프가 태양광 스펙트럼의 프라운호퍼선이 특정 화학 원소가 흡수하는 빛의 파장과 일치한다는 것을 보였다. 이를 통해 **별에 어떤 원소가 존재하는지** 알아낼 수 있게 되었다.

1859년

1850년대

화성과 목성 사이의 영역은 '**소행성대**'라고 불린다. 1868년까지 소행성 약 100개가 파악됐다.

· 태양의 강력한 폭발 ·

태양 플레어는 태양 표면에서 자기장이 교차하고 엉키면서 발생하는 강력한 폭발이다. 흑점 근처에서 시작하여 태양의 가장자리에서 볼 수 있으며, 우주로 빛을 쏘아 올려 거대한 폭발처럼 보인다. 태양 플레어는 태양 활동의 11년 주기를 따르며, 플레어가 가장 많은 시기는 흑점이 가장 많은 시기와 같다.

1859년

태양 플레어가 처음으로 관측되었다.

1856년

헤르만 폰 헬름홀츠는 지구의 열이 모두 태양에서 온다는 이론을 바탕으로 **태양의 나이**(곧, 지구의 최대 나이)를 2200만 년으로 계산했다.

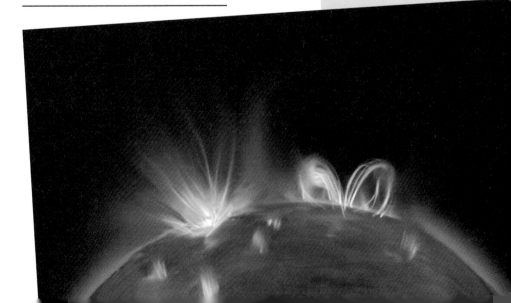

별빛의 음영

빛은 우리가 우주에 대해 아는 데 매우 중요해요. 초기부터 사람들은 빛을 내거나 반사하는 별과 행성을 볼 수 있었어요. 19세기에 사람들은 빛이 우주에 있는 물체에 관해 많은 것을 알려 줄 수 있다는 사실을 발견했지요.

빛을 나누다

아이작 뉴턴은 백색광에 붉은색에서 보라색에 이르는 **다양한 색의 스펙트럼이** 서로 섞여 있으며, 나누거나 합칠 수 있다는 것을 보여 주었어요. 하지만 스펙트럼이 눈에 보이는 것처럼 항상 연속적이지는 않다는 사실이 밝혀졌어요.

1800년대 초, 요제프 폰 프라운호퍼는 매우 정교한 **유리 렌즈와 프리즘을** 만들었어요. 그는 불빛의 스펙트럼에서 독특한 선을 발견했죠. 그 후 그는 같은 방식으로 햇빛을 스펙트럼으로 나누어 연구하고 1814년까지 **검은 선 574개를** 발견했어요. 그는 다른 밝은 별에서 나오는 빛에서도 선을 발견했는데, 이번에는 위치가 달랐어요. 그는 그 차이를 바탕으로 별의 성분을 알 수 있다는 사실을 깨달았죠. 별에서 나오는 빛의 스펙트럼에 틈이 있다는 발견은 우주 과학의 새로운 시대를 열었어요.

여러 종류의 빛

별은 에너지를 만들어 파동 형태로 우주로 방출해요. 에너지의 형태는 파장(파동의 꼭짓점 사이의 거리)에 따라 결정돼요. 파장이 매우 긴 에너지는 전파예요. 파장이 매우 짧은 에너지는 방사선인 감마선이고요. 우리가 볼 수 있는 빛은 이 범위의 중간에 속하며, 이를 **전자기 스펙트럼이라고** 해요.

빛, 안으로 밖으로

별의 중심에서 나오는 에너지는 다양한 파장으로 이루어져 있지만, 모든 에너지가 지구까지 오는 것은 아니에요. 에너지가 중간에 통과하는 물질은 에너지의 일부를 흡수해요. 이 물질에는 별 자체의 기체와 별과 지구 사이의 물질이 포함돼요.

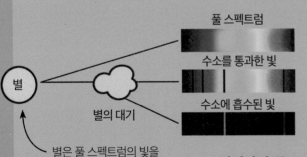

풀 스펙트럼

수소를 통과한 빛

수소에 흡수된 빛

별

별의 대기

별은 풀 스펙트럼의 빛을 내보내지만 몇몇 파장은 별의 대기와 별과 지구 사이의 기체에 흡수된다.

별에서 나온 빛의 스펙트럼을 펼쳐 보면 몇몇 파장의 에너지가 흡수된 틈이 보여요. 검은 선이 있는 무지개 줄무늬 띠는 흡수 스펙트럼이라고 해요. 검은 선은 **어떤 파장의 빛이 흡수되었는지를** 보여 줘요. 각 화학 원소에는 고유한 흡수 패턴이 있어요. 원소는 동일한 파장의 빛을 방출할 수도 있으므로 검은색 배경에 몇 개의 밝은 띠가 있는 **방출 스펙트럼을** 만들 수 있어요. 방출 스펙트럼과 흡수 스펙트럼을 더하면 백색광의 풀 스펙트럼이 만들어져요. 원소는 매우 뜨거울 때 빛을 방출하고 차가울 때 빛을 흡수해요.

빛 들여다보기

태양광 스펙트럼의 검은 선은 분젠과 키르히호프가 이를 조사하기 위한 장비를 만들기 전까지는 이해되지 않았어요. 그들은 각 화학 원소가 항상 같은 파장의 빛을 방출하는 특징적인 **불꽃**을 만든다는 사실을 발견했어요. 예를 들어 칼륨은 연보라색, 구리는 녹색, 나트륨은 노란색 불꽃을 내는 식이에요. 연구진은 서로 다른 불꽃이 만들어 내는 스펙트럼을 살펴볼 수 있는 **분광기**를 만들고 이를 이용해 각 원소가 어떤 파장의 빛과 연결되어 있는지 알아냈어요. 표본을 태워 불꽃을 만든 다음 유리 프리즘을 사용하여 빛을 스펙트럼으로 분해한 거예요.

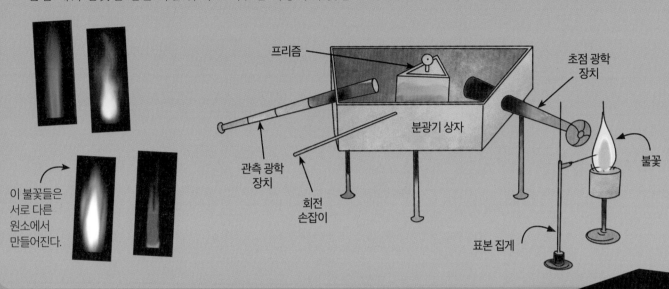

이 불꽃들은 서로 다른 원소에서 만들어진다.

프리즘

초점 광학 장치

분광기 상자

불꽃

관측 광학 장치

회전 손잡이

표본 집게

우주에서 온 스펙트럼

분광학은 태양의 빛을 조사하면서 시작되었지만, 다른 별들이 무엇으로 이루어져 있는지 알아내는 데에도 사용할 수 있게 되었어요. 빛은 별 표면의 기체에서 흡수되고 지구 대기의 기체에서 약간 흡수되는데, 이것은 모든 별에서 같아요.

과학자들은 별의 스펙트럼을 다른 원소들의 스펙트럼과 비교하여 별이 무엇을 포함하고 있는지, 그래서 나이가 얼마인지 알아낼 수 있었어요. 최초의 별은 수소와 헬륨으로만 만들어졌지만, 더 새로운 별은 다른 원소도 포함하고 있어요.(▶84~85쪽) 오늘날 분광학은 우주의 기체 구름, 초신성의 잔해, 심지어 다른 별 주위의 행성인 외계 행성을 조사하는 데에도 사용돼요.

초신성이 남긴 성운에는 거대한 고에너지 폭발로 생긴 원소가 들어 있다.

별의 빛이 스펙트럼으로 펼쳐지면 다양한 원소의 스펙트럼과 맞출 수 있는 틈새가 나타난다.

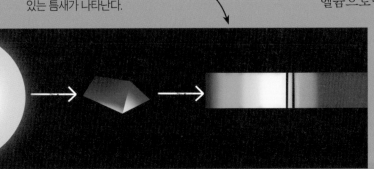

1860년~1889년

전자기 스펙트럼과 전파의 발견은 우주 과학의 역사를 크게 바꿨어요. 19세기 말의 발견으로 빛과 여러 전자기파의 파장을 정밀하게 측정하는 것이 중요해지면서 20세기 천문학의 연구 방식을 바꾸어 놓았죠.

1860년대

제임스 클러크 맥스웰은 **전자기장**(전기장과 자기장)과 그 작동 방식을 설명하는 방정식을 만들었다.

· 다양한 파장의 에너지 ·

전자기 스펙트럼은 자기장과 전기장이 상호 작용할 때 만들어질 수 있는 다양한 파장의 에너지 범위이다. 만들어지는 에너지의 파장에 따라 행동 방식이 결정된다. 가장 긴 파장은 전파가 되고 가장 짧은 파장은 감마선이 된다. 그 사이에는 마이크로파, 가시광선, 엑스선이 있다.

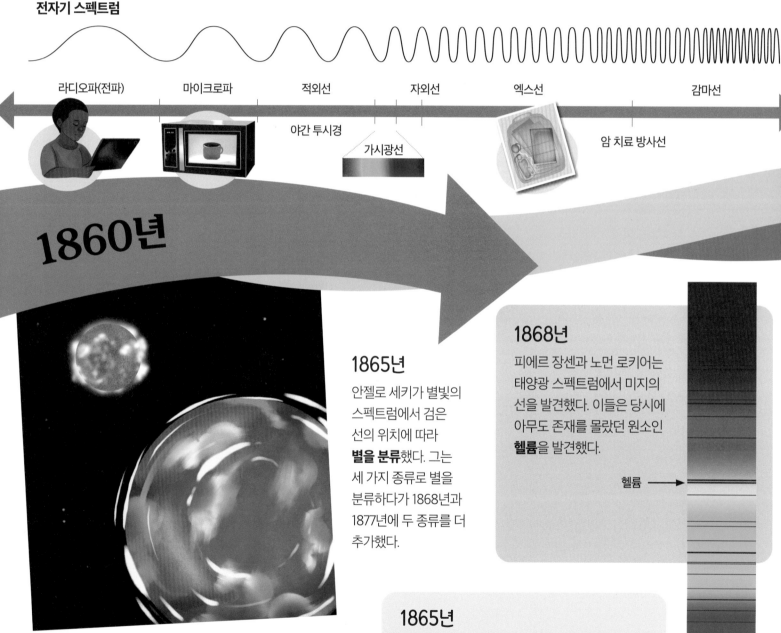

전자기 스펙트럼

| 라디오파(전파) | 마이크로파 | 적외선 | 자외선 | 엑스선 | 감마선 |

야간 투시경

가시광선

암 치료 방사선

1860년

1865년

안젤로 세키가 별빛의 스펙트럼에서 검은 선의 위치에 따라 **별을 분류**했다. 그는 세 가지 종류로 별을 분류하다가 1868년과 1877년에 두 종류를 더 추가했다.

1868년

피에르 장센과 노먼 로키어는 태양광 스펙트럼에서 미지의 선을 발견했다. 이들은 당시에 아무도 존재를 몰랐던 원소인 **헬륨**을 발견했다.

헬륨 →

1862년

윌리엄 톰슨은 **태양의 나이**가 2천만 년에서 1억 년이라고 계산하고 지구가 이보다 더 오래되었을 수 없다고 결론지었다.

1865년

조반니 스키아파렐리는 8월 중순에 관측된 **페르세우스자리 유성우**가 **스위프트-터틀 혜성**의 부스러기에서 나왔다는 사실을 알아냈다.

1871년

헤르만 폰 헬름홀츠는 태양이 열을 내는 원리가 **중력 수축** 때문일 것이라고 말했다. 그는 중력이 더 많은 물질을 끌어당기면 기체 구름 가운데의 압력과 온도가 높아지면서 별이 열을 방출하게 된다고 설명했다.

1872년

헨리 드레이퍼가 **베가** 별의 스펙트럼을 처음으로 촬영했다.

1879년

조지 다윈은 지구가 젊었을 때 반쯤 녹은 암석 덩어리가 지구에서 떨어져 나와 달이 되었다고 주장했다. 그는 빠르게 회전하는 지구가 24시간에 한 바퀴 돌 정도로 느려지는 데 걸리는 시간을 계산하여 **지구의 나이**가 5600만 년이라고 주장했다.

1882년

에드워드 피커링이 한 번에 여러 별의 스펙트럼을 촬영하는 방법을 개발했다. 그는 방대한 양의 별 스펙트럼 사진을 정리하고, 스펙트럼을 처음 촬영한 헨리 드레이퍼의 이름을 따서 《**드레이퍼 항성 스펙트럼 목록**》을 제작했다.

1883년

조지 다윈의 생각을 받아들인 오즈먼드 피셔는 **태평양**이 달이 지구에서 떨어져 나갈 때 생긴 흉터일 수 있다고 말했다.

1889년

1877년

스키아파렐리는 화성의 겉에 난 선을 망원경으로 보고 이탈리아어로 **운하**라는 뜻의 '카날리'라는 이름을 붙였다. 사람들은 이 선이 정말 운하라고 오해했고, 외계인이 운하를 비롯한 구조물을 짓고 있을 것이라고 생각하기 시작했다. 하지만 이 선은 화성에 전혀 없는 것으로 밝혀졌다. 이 선은 당시의 망원경 때문에 나타난 것으로, 아마도 눈 속 혈관이 반사된 것으로 보인다.

스키아파렐리가 주장한 화성의 '카날리' 때문에 화성 외계인에 관한 이야기가 생겨났다.

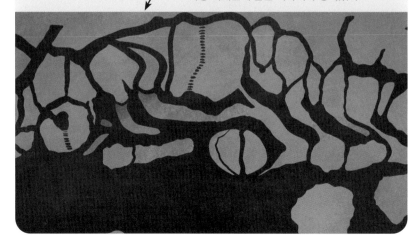

1880년대

영국의 천문학자 리처드 프록터는 혜성이 입자로 이루어져 있다고 말하며 지름이 최대 1m 정도인 '**날아다니는 모래벌판**'과 같다고 제안했다. 그는 혜성이 태양에 접근하면 기체가 방출된다고 생각했다. 하지만 이렇게 되면 혜성의 기체가 곧 바닥난다는 사실이 밝혀지면서 프록터의 예상은 정확하지 않다는 것이 밝혀졌다.

1886년

하인리히 헤르츠가 **전파를 주고받는 장비**를 만들었다. 제임스 클러크 맥스웰은 전기장과 자기장 사이의 연관성을 발견한 후 전파의 존재를 예측했다.

1890년~1904년

전자기 스펙트럼과 별의 스펙트럼이 발견되면서 19세기 말과 20세기 초에 우주 과학은 큰 발전을 이뤘어요. 사람들은 수많은 별을 스펙트럼에 따라 분류하고 천문학에서 전파를 어떻게 활용할 수 있는지 탐구하기 시작했어요.

1890년

1만 개가 넘는 별빛의 스펙트럼이 정리된 《드레이퍼 항성 스펙트럼 목록》의 초판이 출판되었다. 이후에도 1949년까지 업데이트 버전이 나왔다. 이 목록은 윌리어미나 플레밍의 연구에 크게 빚지고 있었다.

• 스펙트럼을 기록한 여성들 •

윌리어미나 플레밍은 하버드 천문대에서 '컴퓨터'처럼 일했던 많은 여성 중 한 명이었다. 플레밍, 애니 점프 캐넌, 헨리에타 스완 레빗은 여러 사람들과 함께 별 수십만 개의 스펙트럼을 조사하고 기록했다. 이들이 작업한 사진판에는 별빛의 스펙트럼이 1,000개씩 기록되어 있기도 했다.

1895년

빌헬름 뢴트겐이 전자기 스펙트럼의 또 다른 부분인 **엑스선**을 발견했다.

1896년

앙리 베크렐이 **방사선**을 발견했다.

1890년

1891년

다니엘 베링거가 미국 애리조나에서 발견된 **운석 크레이터**가 운석 충돌로 생긴 것이라고 제안했다. 1960년에 그의 주장이 옳았음이 입증되었다. 5만 년 전에 떨어진 운석은 너비가 30~50m나 될 정도로 커서 지금 떨어졌다면 도시 하나를 파괴했을 것이다.

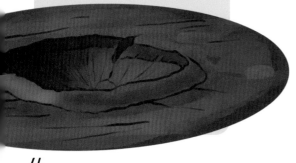

1894년~

화성의 '운하'에 대한 이야기에서 영감을 받은 미국의 천문학 애호가 퍼시벌 로웰은 1894년에 지구에 가까이 접근하는 화성을 관측하기 위해 거대한 망원경을 제작했다. 그는 계절에 따라 화성의 밝기가 변하는 이유가 직선 운하와 물의 흐름이 바뀌기 때문이라고 생각했다. 그는 외계인이 땅을 경작하고 운하를 건설했다고 생각하며 사라져 가는 문명에 대한 상상력 넘치는 강연을 했고, 그가 불러일으킨 **화성 외계인**에 대한 관심이 20세기 내내 이어졌다.

1899년

마가렛과 윌리엄 허긴스는 성운의 3분의 1이 기체 구름처럼 보이는 스펙트럼을 가지고 있지만 나머지는 별과 같은 스펙트럼을 가지고 있다는 사실을 발견했다. 이는 일부 성운이 멀리 있는 **별들의 집합체**일 수 있다는 최초의 증거였다.

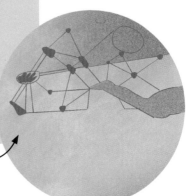

퍼시벌 로웰의 화성 운하 지도

1899년~1900년

존 졸리는 바다가 오늘날과 같은 수준의 소금기를 갖는 데까지 8000만~1억 년이 걸렸을 것이라고 계산했고, 이를 **지구의 최소 나이**로 가정했다.

1903년

피에르 퀴리는 라듐이 **방사성 붕괴**를 통해 한 시간 안에 같은 무게의 얼음을 녹일 수 있을 만큼의 열을 발생시킨다는 사실을 밝혀냈다.

1904년

요하네스 하르트만은 별과 별 사이에서 기체와 먼지가 희미하게 섞여 있는 **성간 물질**을 발견했다. 별과 별 사이에는 1cm³마다 기체 원자가 약 1개, 1km³마다 먼지 입자가 약 100개씩 있다.

1904년

야코뷔스 캅테인은 멀리 떨어진 별들이 이전에 생각했던 것처럼 무작위로 움직이는 것이 아니라 두 개의 흐름을 따라 서로 반대 방향으로 움직인다는 사실을 발견했다. 이것은 **은하가 회전하고 있다**는 첫 번째 단서였지만 과학자들은 이것이 무엇을 의미하는지 깨닫지 못했다.

1904년

1901년

애니 점프 캐넌은 별의 스펙트럼을 바탕으로 **온도에 따라 별을 분류**했다.

1903년

콘스탄틴 치올코프스키가 **우주를 비행하기 위한 다양한 원리**를 제시했다.

우라늄 원자가 붕괴하면 헬륨 원자와 토륨 원자가 생긴다. 암석에서 수집한 헬륨의 양을 측정하면 암석의 나이를 알 수 있다.

1904년

어니스트 러더퍼드는 **방사성 붕괴**가 지구에서 열이 나는 원인이 될 수 있으며, 암석에 갇힌 헬륨을 이용해 **암석의 나이를 측정**할 수 있다고 제안했다. 방사능에 의한 지구의 열 생성은 지구의 겉보기 지질학적 나이가 행성이 용암을 식히는 데 걸리는 시간과 일치하지 않는 이유를 설명했다. 추가 열로 지구의 냉각이 느려졌기 때문이다.

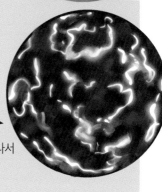

방사성 붕괴로 열이 계속 나서 지구는 사람들이 생각했던 것보다 더 천천히 식었다.

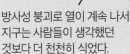

입자와 광선

전자기 복사의 다양한 종류와 원자의 구성 요소, 방사능의 작동 방식은 언뜻 우주 과학과 큰 관련이 없어 보였지만, 우주와 우주의 역사를 이해하는 데 매우 중요하다는 사실이 밝혀졌어요.

단순한 빛이 아닌

제임스 클러크 맥스웰은 빛이 **전자기 복사**의 일종이라는 사실을 깨닫고 다른 종류의 전자기 복사가 발견될 것이라고 예측했어요. 그의 예측은 딱 맞았죠. 붉은색 빛보다 파장이 긴 적외선과 보라색보다 파장이 짧은 자외선이 1800년대 초에 발견되었어요. 맥스웰의 연구 이후 다른 형태의 전자기 복사가 발견되었어요.

오늘날 우리는 전파, 빛, 마이크로파, 엑스선을 볼 수 있는 망원경을 사용하여 멀리 있는 물체의 사진을 찍어요.

엑스선

빌헬름 뢴트겐은 1895년에 **엑스선**(X-ray)을 발견했어요. 그는 음극선관으로 실험하던 중 의문의 빛을 발견했어요. 그 앞에 손을 대자 자신의 뼈가 보였죠! 그는 그 빛이 통과할 수 없는 물질이 있는 곳에 그림자가 생기는 원리를 이용해 사진 건판에 사진을 찍을 수 있다는 사실을 발견했답니다.

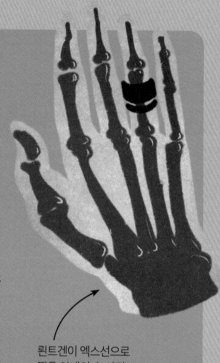

뢴트겐이 엑스선으로 찍은 아내의 손 사진. 뼈와 결혼반지가 보인다.

방사능

우라늄

앙리 베크렐은 **방사성 원소**인 우라늄의 조각을 사진 건판으로 감쌌더니 건판에 상이 생기는 것을 보고 방사능을 발견했어요. 베크렐은 햇빛에서 에너지를 받았다가 나중에 빛으로 방출하는 물질을 연구하고 있었죠. 하지만 우라늄은 햇빛을 받지 않았는데도 광선을 내보냈어요. 그 힘은 우라늄 자체에서 나온 것이었죠.

방사성 원소의 원자는 시간이 지나면서 붕괴돼요. 원자의 구조가 발견되면서 **방사성 붕괴**에 세 가지 유형이 있다는 사실이 밝혀졌어요.

베크렐은 우라늄으로 사진 건판에 금속 십자가의 모습을 찍었다.

원자의 속

원자의 가운데에는 핵이 있어요. 핵은 부피가 작지만 원자 질량의 대부분을 차지해요. 핵은 양전하를 띤 양성자와 전하가 중성인 중성자로 이루어져 있고, 그 주위를 음전하를 띤 전자가 돌고 있어요. 원소마다 고유한 양성자, 중성자, 전자의 수를 가져요.

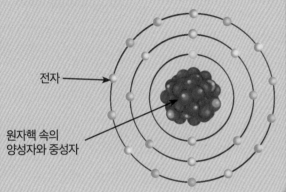

전자

원자핵 속의 양성자와 중성자

원자의 조각

1800년대 내내 사람들은 원자를 분해할 수 없는 단단한 물체라고 생각했어요. 1897년에 J. J. 톰슨은 크기가 원자의 1000분의 1에 불과한 아주 작은 입자, 즉 **전자**가 원자에 들어 있다는 것을 보여 주었어요.

톰슨은 음극선관에 있는 기체에 전류를 흘려보내다가 어떤 '광선'이 금속 물체 뒤에 그림자를 드리우는 것을 발견했어요. 그 광선은 실제로는 금속에 의해 멈춰진 입자, 즉 전자의 흐름이었지요.

음극선관은 전자 빔이 형광 스크린에 떨어질 때 빛을 만든다.

원자를 더 알아가며

1905년에 어니스트 러더퍼드는 원자가 **양전하를 띤 핵**을 가지고 있다는 것을 보여 주었어요. 그의 실험은 매우 얇은 금박에 입자를 발사하는 것이었어요. 그는 입자들이 금박을 곧바로 통과할 것이라고 생각했고 실제로 대부분 통과했어요. 그런데 몇몇 입자는 큰 각도로 꺾여서 나가거나 심지어 반대로 튕겨 나왔어요. 이것은 금박의 원자가 양전하를 띤 작은 핵을 가지고 있어서 입자 몇 개가 부딪혀 속속 튕겨 나갔을 때만 일어날 수 있는 일이었죠.

원자의 구조를 알게 되면서 방사능 붕괴에서 어떤 일이 일어나고 별과 초신성에서 원소가 어떻게 만들어지는지, 그리고 별이 어떻게 에너지를 생성하는지 알아내는 데 도움이 되었어요. 방사선의 '광선' 중 일부는 입자라는 사실도 밝혀졌지요. 알파 입자는 헬륨 원자핵이고 베타 입자는 빠르게 움직이는 전자예요. 세 번째 유형은 전자기 스펙트럼 중 하나인 감마선이에요.

금박 실험으로 원자에 작은 핵과 많은 빈 공간이 있다는 사실이 밝혀졌다.

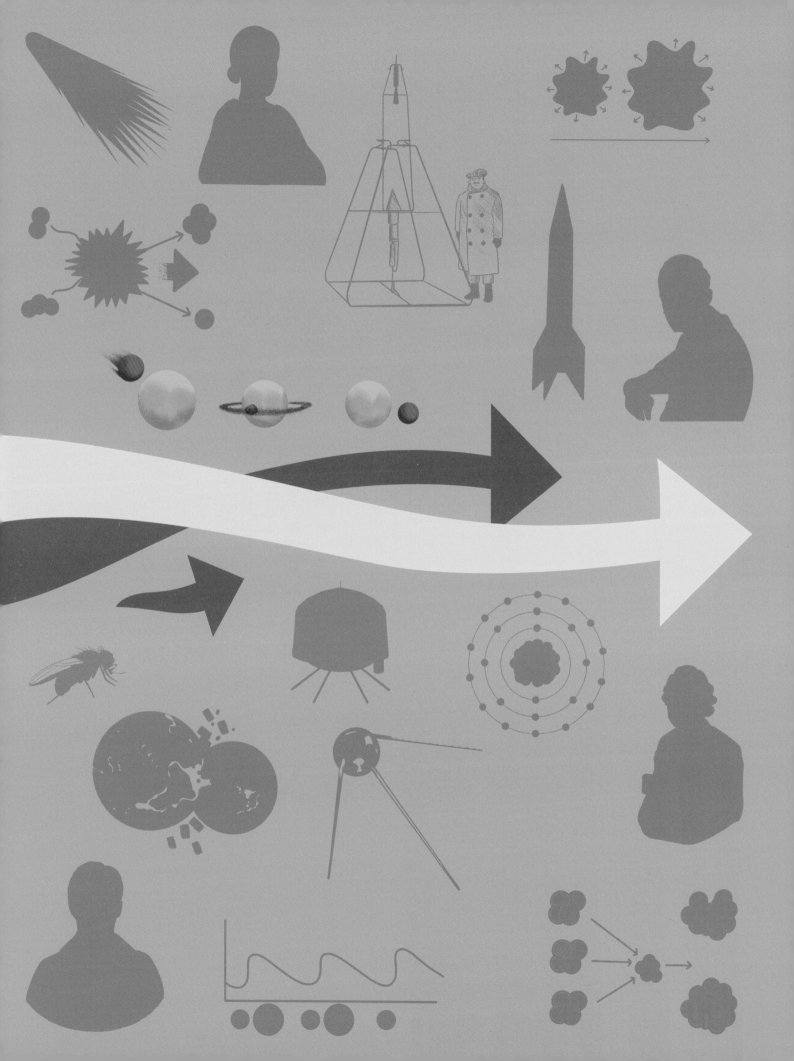

chapter 4

우주를 이해하기

현대 천문학은 20세기에 형성되었어요. 지난 2000년 동안의
발견과 고찰을 바탕으로 천문학자들은 우주 탐사에 새로운 도구를
도입하고, 새롭게 발견한 사실을 이해하는 데 최신 물리학과 수학
지식을 활용했죠. 망원경은 빛뿐만 아니라 우주에서 온 전파와 여러
파동을 찾아서 아주 먼 천체와 우주의 역사에 대해 더 많은 것을
밝혀내기 시작했어요. 20세기 전반기에 우주의 기원과 초기 역사,
별의 삶과 죽음, 모든 화학 물질의 근원이 밝혀졌어요. 우주에서
인류가 어디에 있는지 정확히 알게 되면서 인류가 우주 한가운데
있는 행성의 지배자라는 고대의 생각이 사실과 매우 거리가 멀었다는
사실이 밝혀졌어요. 지구는 수천억 개의 별 중 하나의 주위를 돌고
있고, 심지어 우리은하 안에서도 중심에서 멀리 떨어져 있는 것으로
밝혀졌답니다.

1905년~1910년

1900년대 초에 아인슈타인이 물질과 에너지가 동등하고 서로 교환 가능하다는 사실을 깨달은 것은 아마도 천문학에서 가장 중요한 발견이었을 거예요. 당시에 아인슈타인의 발견은 천문학에 곧바로 적용되지는 않았지만, 나중에는 매우 중요한 것으로 밝혀졌죠. 원자가 우주에 에너지를 제공하기 때문이에요.

1905년

알베르트 아인슈타인은 시간과 공간이 밀접하게 연결되어 있으며 시간은 관찰자의 위치에 따라 상대적이라는 **특수 상대성 이론**을 발표했다. 그리고 빛의 속력보다 빠르게 움직이는 것은 없다고 설명했다.

· 다르게 보이는 번개 ·

번개가 두 그루의 나무에 동시에 떨어진다고 상상해 보자. 나무의 중간에 서 있는 관찰자는 이 두 사건이 동시에 일어나는 것을 볼 수 있을 것이다. 그런데 누군가가 나무 사이에서 빛의 속력에 가까운 속력으로 자동차를 타고 이동하고 있다면, 앞쪽 나무의 빛이 그에게 먼저 도달하기 때문에 번개는 뒤쪽 나무보다 앞쪽 나무에 조금 더 빨리 떨어지는 것처럼 보일 것이다. 자동차는 뒤에 있는 나무에서 멀어지고 있으므로 빛이 더 멀리 이동하여 늦게 도착하기 때문이다.

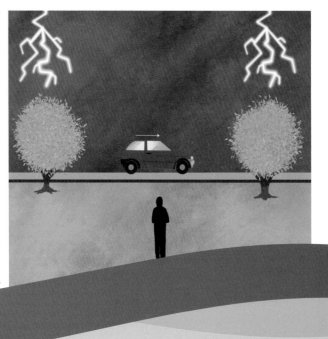

1905년

1905년

아인슈타인은 **에너지와 질량이 서로 교환 가능**하다는 사실을 보여 주었다. 질량이 사라지면 엄청난 양의 에너지가 생기고, 원자를 융합하면 에너지가 방출된다.

1905년

어니스트 러더퍼드의 **금박 실험**으로 원자의 양전하가 원자핵에 있다는 사실이 밝혀졌다.

1905년~1907년

버트럼 볼트우드가 암석 표본의 **방사성 연대를 측정**하여 최대 22억 년 전의 암석을 발견했다. 이로써 지구는 이전에 생각했던 것보다 훨씬 더 오래되었다는 사실이 밝혀졌다.

· 방사성 연대 측정 ·

방사성 연대 측정은 방사성 붕괴에 관여하는 원소의 다양한 비율을 측정하여 물체의 연대를 밝혀낸다. 각 방사성 원소는 반감기라고 하는 고정된 비율로 붕괴한다. 반감기는 방사성 물질의 절반이 다른 원소로 바뀌는 데 걸리는 시간이다. 볼트우드는 우라늄이 함유된 암석에 납이 얼마나 있는지 조사했다. 납은 우라늄의 방사성 붕괴로 만들어진 것이다. 볼트우드는 우라늄의 양과 납의 양을 비교하여 암석이 형성된 후 얼마나 많은 시간이 지났는지 알아냈다.

1906년

리처드 올덤이 **지구의 외핵**을 발견했다. 그는 외핵이 액체이고 외핵을 둘러싸고 있는 맨틀은 고체라는 사실을 알아냈다.

1908년

시베리아에서 '**퉁구스카 폭발 사건**'으로 나무 8,000만 그루가 쓰러졌다. 이 사건은 한 개 이상의 운석이 하늘에서 폭발하면서 발생한 것으로 보인다. 폭발의 위력은 히로시마에 떨어진 원자폭탄의 185배에 달했다.

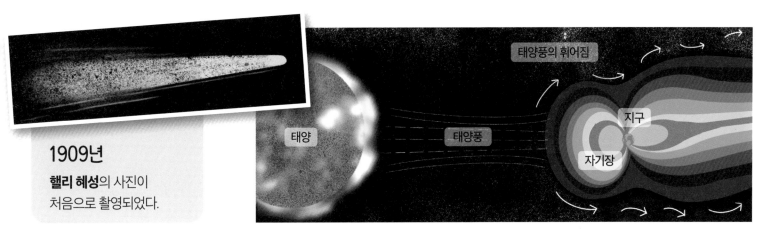

1909년

핼리 혜성의 사진이 처음으로 촬영되었다.

태양풍의 휘어짐

태양

태양풍

지구

자기장

1909년

화성에 운하가 있다는 생각이 마침내 설득력을 잃었다.

1909년

토머스 시는 **달**이 태양계의 다른 곳에서 만들어졌다가 **지구의 중력**에 의해 지구 궤도로 끌려왔다는 이론을 제안했다.

· 태양풍과 지구 자기장 ·

태양풍은 태양에서 하전 입자가 시속 150만~300만 km로 쏟아져 나오는 것이다. 지구 자기장은 지구가 태양풍의 피해를 입지 않도록 보호한다. 지구 자기장과 태양풍이 만나면 북극과 남극에 오로라가 생긴다.

1910년

아서 에딩턴은 태양에서 쏟아지는 물질을 '**태양풍**'이라고 부르자고 제안했다.

1910년

1910년

핼리 혜성이 다가온다는 소식에 사람들은 공포에 휩싸였다. 사람들은 지구가 혜성의 꼬리를 지나갈 때 유독 가스에 노출될까 봐 보호용 방독면, '혜성 알약', 우산을 사기도 했다.

혜성 꼬리에서 나온 기체가 지구를 덮치는 모습이 신문에 실리면서 사람들이 겁에 질렸다.

1910년

윌리어미나 플레밍이 새로운 유형의 별인 **백색왜성**을 발견했다.

백색왜성은 죽어 가는 별에서 뜨겁게 빛나는 중심부이다.

별의 종류

처음 밤하늘을 연구하던 사람들도 행성과 별을 구별할 수 있었어요. 행성은 다르게 움직이고 반짝이지 않기 때문이에요. 그런데 별은 그저 밝은 점으로 보여서 모두 비슷해 보였기 때문에 사람들은 별에 다양한 종류가 있다는 사실을 몰랐어요. 이 사실을 드러내기 위해서는 망원경뿐만 아니라 분광학이 필요했어요.

가까울까 멀리 있을까?

하늘을 보면 모든 별이 하얗게 보여요. 유일한 차이점은 어떤 별들은 다른 별보다 더 밝다는 거예요. 처음에 사람들은 가장 밝은 별이 가장 어두운 별보다 크다고 생각했고, 나중에는 가장 밝은 별이 가장 가까운 별이라고 생각했어요. 이제 우리는 별이 **크기**와 **밝기**가 저마다 다르고 우리와의 **거리**도 각각 다르다는 사실을 알고 있어요. 별의 크기와 밝기는 온도와도 관련이 있어요.

열과 빛

분광학에서는 별의 스펙트럼에 나타난 어둡거나 밝은 선을 연구해요. 분젠과 키르히호프는 1859년에 스펙트럼이 별의 화학 원소를 파악하게 해 주는 지문과 같음을 보여 주었어요. 스펙트럼으로 **별의 온도**도 알아낼 수 있었죠. 별에서 나오는 빛의 파장은 별이 뜨거울수록 짧아져요. 모든 별은 스펙트럼 전체에 걸쳐 빛을 내지만, 별마다 다른 별보다 더 많은 빛을 내는 영역이 있어요. 태양은 다른 많은 별보다 스펙트럼의 녹색 영역에서 더 많은 빛을 내고, 표면 온도는 약 5,500°C예요. 푸른색 별은 태양보다 더 뜨겁고 붉은색 별은 더 차가워요.

빠르게 살고 일찍 죽는

가장 밝고 뜨거운 별은 푸른색이에요. 이 중 가장 큰 별은 청색 초거성이에요. 푸른 별이 뜨거운 이유는 별에 에너지를 공급하는 수소를 매우 빠르게 소모하기 때문이지요. 이러한 이유로 푸른 별은 더 차갑고 붉은 별만큼 오래 유지되지 않아요. 우주 최초의 별은 푸른색이었고 천문학에서는 매우 짧은 시간인 수백만 년 동안만 유지되었어요. 우리가 알고 있는 가장 오래된 별은 우주가 시작된 지 1억 8천만 년 후에 만들어졌죠. 가장 수명이 긴 별은 가장 차가운 별인 붉은 별이에요. 작은 '**적색왜성**'은 지금까지 우주가 존재한 시간보다 훨씬 더 긴 수조 년 동안 유지될 수 있어요. 태양과 같은 중간 크기의 별은 수십억 년 동안 유지되고, 흰색이나 밝은 노란색으로 보여요.

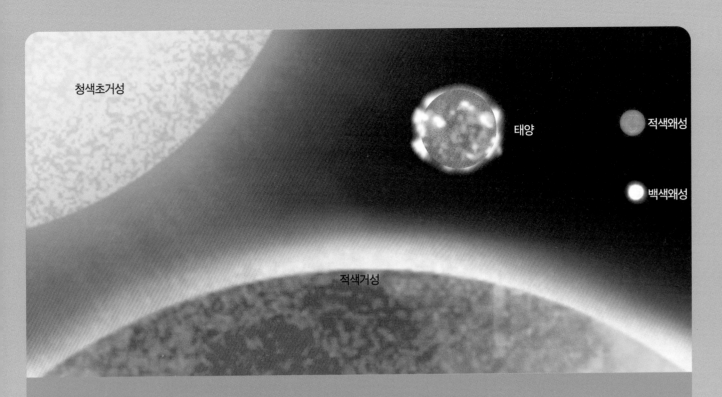

청색초거성

태양

적색왜성

백색왜성

적색거성

별의 삶과 죽음

별이 만들어지면 중심부의 열과 압력이 너무 커지면서 수소 원자가 뭉쳐 헬륨이 돼요. 이 과정에서 빛과 열,
그리고 다양한 유형의 전자기 복사로 별에서 많은 에너지가 나와요. 천문학자들은 이렇게 에너지를 만들어
내고 있는 별을 **주계열성**이라고 불러요. 수소가 떨어져 수명이 다하면 별은 모습이 바뀌어요. 매우 큰 별이라면
붕괴해서 화려한 **초신성**으로 폭발할 수 있어요.

우리 태양처럼 작은 별은 점점 더 커지면서 식을 거예요. 냉각되는 별은 흰색에서 주황색, 붉은색으로 변해요.
그러다가 부풀어 올라서 **적색거성**이 돼요. 약 50억 년이 지나면 태양은 지구 궤도에 거의 도달할 때까지 커지고
지구는 견딜 수 없을 정도로 뜨거워질 거예요. 결국 태양의 바깥 부분은 우주로 떨어져 나가고, 작고 매우 밀도
높은 고온의 핵이 드러나 백색왜성이 돼요. 백색왜성은 더 이상 원자를 융합하지 않고 남은 열로 빛을 내요.
주변 기체가 제거된 별의 중심부는 약 10만 °C로 바깥쪽보다 더 뜨거워요. 태양은 한동안 백색왜성으로 밝게
빛나겠지만, 결국에는 충분히 식어서 희미해지고 딱딱하고 어두운 덩어리로 남게 될 거예요.

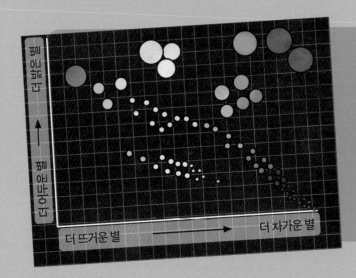

더 뜨거운 별   더 차가운 별

한눈에 볼 수 있는

헤르츠스프룽–러셀 다이어그램은 별의 밝기와 온도를
정리한 그림이에요. 별빛의 파장을 보면 별의 온도를 알 수
있죠. 주계열성은 대각선의 가운데에 위치하는데, 처음에는
밝고 뜨겁다가 나이가 들면서 점점 차갑고 어두워져요.
이 다이어그램은 1913년에 별에 대한 분광 연구에서 얻은
정보를 사용하여 처음 만들어졌어요.

73

1911년~1919년

천문학자들은 분광학을 연구하면서 아주 멀리 떨어진 별과 은하를 연구하는 데 유용한 정보를 많이 얻을 수 있었어요. 1914년부터 1918년까지 제1차 세계 대전이 발생하면서 전 세계의 과학 연구가 중단되었지만 천문학자와 물리학자들은 이론적 연구를 계속할 수 있었죠. 이 시기의 가장 중요한 발견은 중력과 우주의 작동 방식을 새롭게 정의한 아인슈타인에게서 나왔어요.

1912년

헨리에타 스완 레빗은 매우 규칙적인 간격으로 밝기가 변하는 별을 발견했다. **바로 세페이드 변광성**이었다.

· 세페이드 변광성으로 가능해진 거리 재기 ·

세페이드 별 중에서 가장 밝은 것들은 가장 오랫동안 최대 밝기를 유지한다. 밝게 보이지 않더라도 밝기가 오래 지속된다면 그 별은 실제로는 보기보다 더 밝은 별일 수 있다. 단지 더 멀리 떨어져 있을 뿐이다.
세페이드 변광성은 아주 멀리 떨어져 있는 다른 은하에서도 볼 수 있다. 아이나르 헤르츠스프룽은 이를 통해 최대 천만 광년 떨어진 별까지의 거리를 계산할 수 있다는 사실을 알아냈다. 이전에는 최대 약 100 광년까지의 거리만 계산할 수 있었다.

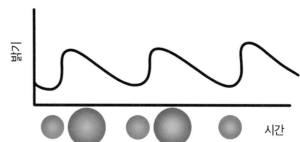

1911년

1913년

베스토 슬라이퍼는 안드로메다은하의 청색 이동을 측정하여 안드로메다은하가 우리를 향해 움직이고 있다는 사실을 보여 주었다. 1915년, 그는 많은 성운이 적색 이동되어 우리로부터 멀어지고 있다는 사실도 밝혀냈다. 당시에는 이러한 성운이 별개의 은하라는 사실을 알지 못했다.

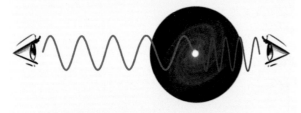

지구에서 멀어지는 은하에서 나오는 빛은 파장이 늘어나서 붉게 보인다. 지구에 가까워지는 은하의 빛은 압축되어 있어서 푸른색으로 보인다.

1913년

헤르츠스프룽-러셀 다이어그램(▶73쪽)은 별의 밝기를 빛의 파장(사실상 온도)에 대해 그래프로 나타낸 것이다. 이 다이어그램은 별이 일생 동안 어떻게 변하는지를 보여 준다.

1913년

에드워드 몬더는 생명체가 살기에 적절한 온도가 유지되는 '**거주 가능 영역**'이 태양과 같은 별의 주변에 있다고 제안했다. 이곳에서는 행성의 표면 온도가 물이 액체로 존재하기에 적합한 온도가 된다.

별 주변의 거주 가능 영역(녹색)은 온도가 너무 뜨겁지도 차갑지도 않은 곳이다.

1914년

로버트 고다드가 액체 연료 로켓과 다단 로켓에 관한 아이디어를 특허로 내고 **로켓 실험**을 시작했다.

1915년

스코틀랜드 천문학자 로버트 이네스가 지구에서 가장 가까운 별인 **켄타우루스자리 프록시마**를 발견했다. 맨눈으로는 보이지 않는다.

1916년

카를 슈바르츠실트가 아인슈타인의 일반 상대성 이론을 바탕으로 **블랙홀 이론**의 기초를 다졌다. 블랙홀은 구멍이 아니다. 물질이 매우 빽빽하게 밀집되어 있어 엄청난 중력을 가지고 다른 물질을 끌어당기는 공간이다.

1917년

슬라이퍼는 모든 은하가 **움직이는 항성계**이며 우리은하도 움직이고 있다고 제안했다.

1919년

에딩턴은 **일식**을 여러 곳에서 측정하여 아인슈타인의 상대성 이론이 옳다는 사실을 증명했다. 일식 중에는 태양이 가려지기 때문에 낮에는 보이지 않던 별이 보일 수 있다. 에딩턴은 **태양 뒤의 별에서 오는 빛이 태양의 중력에 의해 휘어져** 약간 다른 곳에 있는 것처럼 보인다는 것을 입증했다.

일식 때 별이 관측되는 위치

1.75°

별의 실제 위치

지구

태양

1918년

미국의 천문학자 할로 섀플리는 태양계가 우리은하 중심에서 약 **3만 광년** 떨어진 곳에 있다는 사실을 알아냈다.

1919년

1915년

알베르트 아인슈타인이 20세기에 가장 중요한 과학적 업적 중 하나인 **일반 상대성 이론**을 발표했다.

달보다 질량이 더 큰 지구는 시공간에서 더 큰 '휘어짐'을 만든다.

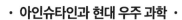

· 아인슈타인과 현대 우주 과학 ·

알베르트 아인슈타인은 일반 상대성 이론에서 중력을 물체의 질량에 의해 시공간이 왜곡되는 효과라고 설명했다. 물체의 질량이 클수록 시공간이 더 많이 휘어진다. 그러면 공이 펼쳐진 담요 위로 굴러가는 것처럼 다른 물체가 그 물체를 향해 움직인다. 현대 우주 과학의 대부분은 중력에 관한 이 새로운 설명을 기반으로 한다.

1920년~1929년

1920년대는 우주 과학에서 중요한 10년이었어요. 우주의 크기와 기원에 관한 현대적인 생각이 등장했기 때문이죠. 더 나아가 별을 구성하는 물질과 별이 에너지를 만들어 내는 방식도 탐구했어요 우주의 작동 방식에 대한 오늘날의 관점은 1920년대에 등장했답니다.

1920년

미국의 천문학자 할로 섀플리와 히버 커티스는 우주의 크기와 본질에 관한 **대논쟁**을 벌였다. 섀플리는 은하는 하나이고 성운은 그 안에 있는 기체 구름이라고 믿었다. 그는 지구가 우리은하 중심에서 멀리 떨어져 있다고 생각했다. 커티스는 성운은 다른 은하이고 지구는 우리은하 중심에 있다고 생각했다.

1920년

아서 에딩턴은 원자들이 서로 합쳐져서 새로운 원소를 이루는 **핵융합**에 의해 별의 에너지가 생성된다고 제안했다.

1923년

에드윈 허블은 안드로메다에서 세페이드 변광성을 비롯한 별들을 구별해 내서 성운까지의 거리를 계산했다. 이 별들은 도저히 우리은하 안에 있을 수 없을 정도로 멀리 떨어져 있었기 때문에 다른 은하가 존재하는지에 관한 논쟁을 매듭지었다. 허블은 우주에 **수백만 개의 은하**가 있다고 말했다.

1920년

1920년

적색거성 베텔게우스의 지름이 태양 크기의 약 300배에 달하는 3억 8000만 km로 측정되었다. 베텔게우스의 지름은 넓은 지역에 퍼져 있는 여러 망원경의 정보를 **간섭계**라고 하는 장치로 모아서 측정했다. 이렇게 하면 거대한 망원경 하나로 관측한 것과 비슷한 결과를 얻을 수 있었다.

1921년

인도의 물리학자 메그나드 사하가 뜨거운 원자의 스펙트럼선이 온도와 어떻게 관련되어 있는지를 보여 주었다. 이것은 곧 **별의 온도**를 알아내는 데 도움이 되었다.

1922년

러시아의 수학자 알렉산드르 프리드만이 수학을 이용해 **우주가 팽창하고 있다**는 사실을 보여 주었다.

1925년

세실리아 페인-가포슈킨은 **태양이 대부분 수소로 이루어져 있다**는 사실을 발견했다. 천문학자들은 그의 발견을 받아들이기를 꺼렸지만 곧 그의 주장이 옳다는 것이 증명되었다. 그는 메그나드 사하의 발견을 이용해 별의 스펙트럼에서 **별의 온도**를 계산하는 방법을 발견했고, 1901년에는 애니 점프 캐넌이 정리한 별의 범주에 온도를 붙이기도 했다.

1926년

로버트 고다드가 최초의 **액체 연료 로켓**을 만들었다. 이 로켓은 2초 동안 시속 97km로 12.5m만큼 솟아올랐다.

1929년

허블은 **우주가 커지고 있다**는 사실을 증명했다. 그에 따르면, 먼 은하는 가까운 은하보다 지구에서 더 빠르게 멀어지고 있었다.

1929년

· 태양의 구성 성분 ·

고대 그리스의 아낙사고라스는 태양이 불타는 암석이라고 생각했고, 이후 많은 사람들도 태양이 지구와 거의 같은 물질로 구성되었을 것이라고 생각했다. 물론 태양이 지구에 없는 물질로 만들어졌다고 생각한 사람들도 있었다. 나중에 분광학이 발달하면서 태양에는 헬륨(태양에서 처음 발견되고 지구에서는 나중에 발견됐다.)뿐만 아니라 지구에 흔한 다른 원소들도 있다는 사실이 밝혀졌다. 세실리아 페인-가포슈킨은 태양에 수소가 다른 가벼운 원소인 리튬이나 바륨보다 백만 배, 헬륨보다 천 배 더 많다는 사실을 발견했다.

1927년

벨기에의 천문학자 조르주 르메트르는 우주가 **팽창**하고 있으며 많은 은하가 지구에서 더 멀어지고 있다고 주장했다. 그는 우주가 점점 커지고 있다면 지금보다 훨씬 더 작았던 시절도 있었을 것이라고 생각했다. 그는 이 생각을 끝까지 밀어붙여 우주가 한때는 아주아주 조그마했을 것이라고 말했다. 이것은 나중에 우주가 작은 점에서 출발했다는 '**빅뱅 이론**'으로 알려지게 되었다.

1929년

조지 가모프는 **수소 핵융합이 별에 에너지를 제공한다**고 제안했다. 이는 별이 핵융합으로 에너지를 얻는다는 에딩턴의 생각과 태양이 대부분 수소로 이루어져 있다는 페인-가포슈킨의 발견을 합친 것이다. 별의 중심부에서 수소 원자가 서로 뭉쳐져 헬륨을 만들고, 에너지를 열과 빛을 비롯한 다양한 전자기 복사로 방출한다.

우주의 시작

조르주 르메트르는 그가 '원시 원자'라고 부른 작은 점에서 우주가 시작되었다고 생각했어요. 오늘날 대부분의 천문학자도 이러한 생각을 지지하고 있어요. 1927년에 르메트르가 제안한 이 생각은 몇 년이 지나면서 더 발전했고, 이를 뒷받침하는 증거도 발견되었어요.

모든 것은 무에서

빅뱅은 이제 시간과 공간이 존재하게 된 시작점으로 인식되고 있어요. 시간은 빅뱅의 순간부터 시작되었기 때문에 '빅뱅 이전'이란 존재하지 않아요. 처음에 우주는 원자보다 더 작은 점에 불과했죠. 이해하기 매우 어렵지만 천문학자들은 우주가 무에서 생겨났으며 '이전'도 없고 '외부'도 없었다고 이야기해요. 약 138억 년 전 처음 시작되었을 때 우주는 매우 뜨거웠고 에너지와 막 등장한 물질이 섞여 있었어요. 우주는 존재하자마자 커지기 시작했고 지금도 여전히 커지고 있어요.

계속되는 팽창

처음에 우주는 아주 짧은 시간 동안 원자보다 훨씬 작은 크기에서 최소한 골프공이나 자몽 크기까지 90배 이상 커졌어요. 우주의 팽창 속도는 느려지기 시작했지만 팽창은 계속되었죠. 우주는 **점점 더 커지면서 차가워졌어요.** 처음에는 상상할 수 없을 정도로 뜨거웠지만 불과 3분 만에 약 10억 ℃까지 식었어요.

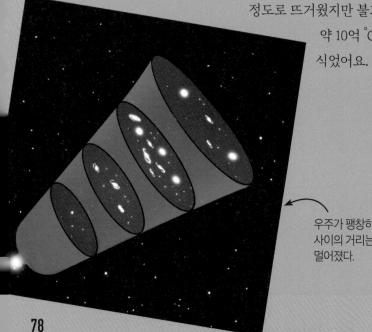

우주가 팽창하면서 물질 사이의 거리는 점점 더 멀어졌다.

물질의 탄생

우주가 태어난 직후에는 지금 우리 주변에서 볼 수 있는 물질이 하나도 없었어요. 하지만 겨우 1초 만에 에너지에서 만들어진 입자가 가득 차게 되었죠. 여기에는 나중에 원자의 재료가 된 것들도 있었어요. 그중 대부분은 수소 원자의 핵인 양성자였죠. 3분 후에는 수소, 헬륨, 리튬 등 **몇 가지 간단한 원소**의 핵이 존재하게 되었어요. 하지만 원자가 만들어지기에는 여전히 너무 뜨거웠어요. 만약 원자가 만들어졌더라도 곧 다시 찢어졌을 거예요. 38만 년이 지나서야 우주는 핵이 전자를 얻어서 **원자**가 될 수 있을 만큼 충분히 식었답니다.

빛의 섬광

빅뱅의 에너지는 우주가 시작된 지 38만 년 후 우주 전체에 흘렀어요. 입자가 원자가 되자마자 에너지가 빛으로 우주를 가득 채웠죠. 과학자들이 당시 주황색이었다고 생각하는 이 섬광은 **우주 마이크로파 배경 복사**로 우주에서 지금도 감지할 수 있어요. (▶93쪽) 하지만 그 뒤로 우주에서는 오랫동안 빛이 나지 않았어요. 아직 빛날 별이 없었기 때문에 빛을 만들어 낼 수 있는 것도 없었죠. 약 1억 년 후, **기체 구름**이 응축되고 뭉치기 시작하면서 **별**이 만들어지기 시작했어요. 초기의 별들은 **은하**로 뭉쳐졌어요. 이 최초의 별들은 크고 뜨거웠는데, 수소를 매우 빠르게 태워서 헬륨으로 융합한 다음에 다른 원소를 만들었어요. (▶84~85쪽) 이 과정이 끝나자 우주에는 더 많은 원소가 있게 되었어요. 마침내 별뿐만 아니라 행성을 만드는 데 필요한 원소도 생겨났지요. 그렇게 우주는 우리가 오늘날 알고 있는 우주가 되어 갔어요.

더 크게, 더 차갑게

우주는 계속 팽창하면서 차가워졌어요. 약 50억~60억 년 동안 우주는 일정한 비율로 계속 커졌지만, 그 후 다시 더 빠르게 커지기 시작했죠. 천문학자들은 의문의 '암흑 에너지'가 우주를 밀어내기 시작했다고 생각했어요. 우주는 중간이나 가장자리에서 커지는 것이 아니라 기존 은하 사이에 새로운 공간이 나타나면서 모든 곳에서 동시에 커졌죠. 공간이 계속 늘어나면서 초기 우주에서 나온 빛의 파장은 계속 늘어났어요. 지금은 훨씬 더 길어져 **마이크로파**로 발견돼요.

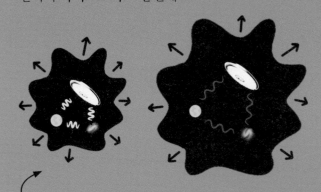

우주는 모든 방향으로 커졌다. 빛의 파장이 늘어나서 더 붉게 보이는 것으로 이 사실을 알 수 있다.(▶57쪽)

까다로운 아이디어

빅뱅 이전에는 아무것도 없었다는 생각은 천문학자를 비롯해 많은 사람들을 혼란스럽게 해요. 어떤 사람들은 우리 우주가 이전 우주의 결과물이라고 주장하기도 하죠. 어쩌면 이전 우주가 붕괴했다가 다시 바깥으로 폭발한 것일지도 몰라요. 아니면 블랙홀로 들어간 물질이 다른 쪽 끝에 있는 '화이트홀'에서 새로운 우주의 모습으로 나온 것일 수도 있고요. 이러한 생각 중에서 어느 것이 맞는지 아는 사람이 없고 무엇이 맞는지 확인할 방법도 없어요. 하지만 우주 '이전'에 뭐라도 존재했을지, 그리고 그것이 무엇이었을지에 대해 생각해 볼 기회는 많이 있어요.

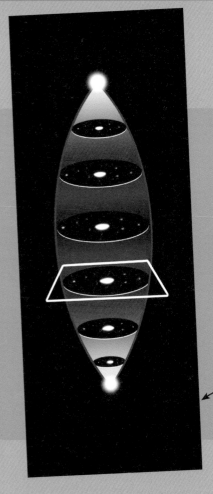

우리 우주(흰색 사각형 안)가 언젠가 하나의 점으로 쪼그라들었다가 또 다른 빅뱅으로 다시 시작될 수도 있다.

1930년~1944년

1939년부터 1945년까지 일어난 제2차 세계 대전 동안에는 로켓 기술이 빠르게 발전했어요. 하지만 이 시기에 로켓은 우주선보다 폭탄을 발사하는 데 사용되었죠. 독일의 로켓 과학자들은 우주 탐사를 위한 로켓을 만들고 싶어 했지만 전쟁 중에는 다른 목표를 따를 수밖에 없었어요.

1931년

베르나르 리오는 별과 같이 매우 밝은 물체의 빛을 차단하는 장치인 **코로나그래프**를 발명했다. 그 덕분에 천문학자들은 밝은 별빛에 가려 보이지 않는 주변 물체를 관측할 수 있게 되었다.

1930년

수브라마니안 찬드라세카르는 태양의 1.4배보다 큰 **백색왜성**이 존재할 수 없다고 예측했다. 그 중심의 중력이 너무 강해서 불안정해질 것이기 때문이다.

1930년

해럴드 제프리스는 지구에서 떨어져 나간 부분이 달이 되었다는 조지 다윈의 생각이 틀렸다고 주장했다. 그는 그렇게 큰 용암 덩어리가 모이면 **지구의 자전 속도**가 너무 느려지기 때문에 덩어리가 지구에서 떨어져 우주로 던져질 수 없다고 말했다.

1932년

에스토니아의 천문학자 에른스트 외픽은 주기가 긴 혜성이 태양계 가장자리에 있는 어느 구역에서 온다고 제안했는데, 이곳은 나중에 **오르트 구름**이라고 불리게 되었다.

1930년

1930년

클라이드 톰보는 집에서 만든 망원경으로 **명왕성**을 발견했다. 2015년, 그의 유골은 NASA 탐사선 뉴허라이즌스호를 타고 명왕성 근처로 날아갔고, 지금은 태양계 가장자리로 향하고 있다.

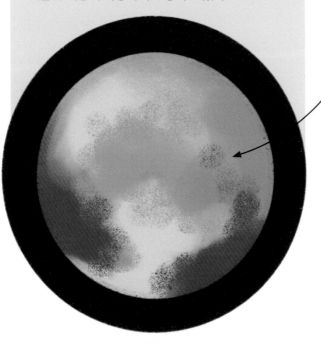

명왕성은 발견 당시에는 행성이라고 불렸지만, 나중에 왜소행성으로 등급이 내려갔다.

1932년

카를 잰스키가 **우주 전파를 탐지하는 기기**를 처음으로 만들었다. 그는 무선 전화의 신호를 방해하는 원인을 찾다가 은하수 가운데에서 23시간 56분(1 항성일)의 일정한 간격으로 희미한 신호가 오는 것을 발견했다. 그는 그 신호가 태양계 밖에서 온다는 사실을 알아차렸다.

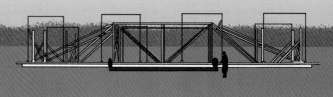

잰스키가 만든 첫 번째 전파 망원경은 길이가 30m, 높이가 6m였다. 이 망원경은 원하는 방향의 하늘을 바라보도록 회전시킬 수 있었다.

1933년

프리츠 츠비키는 은하가 너무 빠르게 움직이고 있어서 혼자만의 질량으로는 찢어질 수 있다는 사실을 발견했다. 그는 은하를 하나로 묶어 줄 중력이 생기려면 무언가 충분한 질량을 더해 줘야 한다고 생각했고, 망원경으로는 보이지 않는 수수께끼의 '암흑 물질'이 존재할 것이라고 제안했다.

1936년

잉에 레만은 **지구의 핵**이 바깥쪽은 고체로 되어 있고 안쪽은 액체로 되어 있다고 제안했다. 이전까지 사람들은 핵 전체가 액체라고 생각했다.

지구는 딱딱한 암석 지각으로 싸여 있다. 그 아래에는 천천히 움직이는 뜨거운 암석인 맨틀이 있다. 지구의 가운데는 뜨거운 철로 이루어진 핵이 여러 층을 이루고 있다. 대기는 지각 위에 덮인 얇은 기체 담요이다.

1939년

로버트 오펜하이머와 하틀랜드 스나이더는 **블랙홀**을 향해 떨어지는 사람을 밖에서 보면 영원히 떨어지는 것처럼 보일 것이라고 말하며 블랙홀의 존재를 예측했다.

1941년

그로트 레버가 직접 **전파 망원경**을 만들어서 처음으로 하늘 전체를 전파 망원경으로 관측했다.

1944년

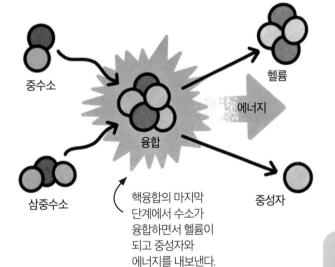

중수소

삼중수소

융합

에너지

헬륨

중성자

핵융합의 마지막 단계에서 수소가 융합하면서 헬륨이 되고 중성자와 에너지를 내보낸다.

1933년

월터 바데와 프리츠 츠비키는 **초신성**이 죽어 가는 거대한 별이 스스로 붕괴하면서 우주선을 쏟아내는 것이라고 설명했다. 그들은 이렇게 초신성이 붕괴한 결과가 **중성자별**일 것이라고 제안했다. 중성자별은 블랙홀을 제외하면 우주에서 가장 밀도가 높은 천체이다.

1938년

한스 베테는 별이 **핵융합**으로 에너지를 만들어 내는 방법을 설명했다. 수소 핵은 별의 중심에서 높은 압력에 의해 여러 단계를 거쳐 융합되면서 헬륨이 된다.

1942년

제임스 헤이가 하루 동안 태양의 위치를 따라 관측하다가 태양 방향에서 오는 **전파**를 처음으로 발견했다.

1942년

인간이 우주로 보낸 최초의 물체는 베르너 폰 브라운이 개발한 **V2 로켓**이었다. V2 로켓은 제2차 세계 대전에서 무기로 사용되었다.

1945년~1954년

제2차 세계 대전을 위해 개발한 기술 중 어떤 것들은 우주 과학에도 적용되었어요. 전쟁은 로켓뿐만 아니라 프로그래밍 가능한 최초의 컴퓨터도 탄생시켰죠. 이러한 기술들이 우주 시대를 열었답니다.

1947년

인류가 가장 먼저 우주로 보낸 동물은 **초파리**였다. 초파리는 무사히 돌아왔다. 과학자들은 초파리로 방사선과 무중력 우주 비행의 영향에 관해 연구했고, 포유류와 최종적으로 인간을 우주로 보낼 수 있는 길을 열었다.

1946년

프레드 호일은 헬륨 이외의 원소가 **핵합성**이라는 과정을 통해 별에서 만들어진다고 말했다.

(▶126쪽)

1946년

무기로 사용되었던 V2 로켓이 **우주에서 본 지구의 모습**을 최초로 촬영했다. 우주는 해발 100km 고도의 카르만 라인부터 시작하는 것으로 정의되었다.

1947년

바트 복은 우주에서 어둡고 흐린 영역(암흑 성운)으로 나타나는 '**복 구상체**'를 처음 발견했다. 그는 이것이 별이 생겨나는 초기 단계일 것이라고 했다.

1945년

1946년

캐나다의 천문학자 레지널드 데일리는 달이 지구가 화성만 한 다른 행성과 충돌하면서 생긴 잔해로 만들어졌다고 제안했다. 그 행성은 오늘날 '**테이아**'라고 불린다.

· 달의 탄생 ·

테이아가 지구에 부딪힐 때 열이 발생하면서 지구의 일부가 증발했다. 증발한 물질은 차가운 우주에서 응축되어 먼지 구름 상태로 지구 주위를 돌았다. 오랜 시간이 지나면서 이 물질이 뭉쳐져 달이 만들어졌다. 이 거대한 충돌 이론은 현재 사실로 인정되고 있지만, 데일리가 제안했을 당시에는 무시하는 사람이 대부분이었다.

1948년

앨버트 2세라는 **붉은털원숭이**가 우주 비행에서 살아 남았지만 지구로 돌아오다가 낙하산이 고장 나서 죽고 말았다.

1950년

엔리코 페르미가 은하계에 수많은 별이 있는데 왜 우리는 외계인과 만난 적이 없는지 물었다. 이러한 '**페르미 역설**'은 외계 생명체에 대한 진지한 탐사를 촉발했다.

1950년

네덜란드 천문학자 얀 오르트가 태양계 가장자리에 **오르트 구름**이라는 거대한 영역이 있다고 예측했다. 오르트 구름의 안쪽 가장자리는 태양에서 약 50~100배 더 멀리 떨어져 있어서 명왕성보다도 바깥에 있다. 긴 간격으로 돌아오는 혜성은 수조 개의 얼음 물체를 품고 있는 오르트 구름에서 오는 것으로 추정된다. 이 구름은 공 모양으로 태양계를 완전히 둘러싸고 있다. 반대로, 짧은 간격으로 돌아오는 혜성의 고향인 카이퍼 벨트는 도넛 모양으로 태양계를 둘러싸고 있다.

태양계

오르트 구름

1952년

1572년에 튀코 브라헤가 관측한 초신성의 잔해가 전파 망원경으로 발견되었다. 이 초신성 폭발은 1572년에 관측되었지만, 실제로는 그보다 최대 1만 3300년 전에 일어났다. 인류 문명이 시작되기 전이었다.

1954년

1950년

프레드 휘플은 혜성이 얼음 핵에 먼지 층이 덮인 **지저분한 눈덩이**와 같다고 말했다.

· 운석의 기원 ·

운석은 우주에서 지구와 부딪힌 암석 덩어리이다. 충돌로 다른 행성이나 달에서 떨어져 나온 것도 있지만, 대부분은 초기 태양계의 물질 조각으로, 지구와 같은 시기에 만들어졌다. 작은 운석은 지구 대기를 통과하면서 타버리지만, 큰 운석은 살아 남아 지표면에 충돌하거나 폭발할 수 있다.

1953년

5만 년 전 미국 디아블로 캐니언에 떨어진 운석의 방사성 연대를 측정했더니 무려 45억 5천만 년 된 운석이라는 사실이 밝혀졌다. 운석은 태양계가 시작될 때 만들어졌기 때문에 운석의 나이는 **지구의 최대 나이**가 된다.

별에서 시작되는 화학

별에서 수소가 융합돼서 헬륨이 된다는 사실을 발견하면서 과학자들은 물질을 구성하는 모든 화학 원소가 어디에서 오는지 비로소 깨닫게 되었어요. 모든 원소는 별이 만들어 낸 것이었죠. 하지만 대부분의 원소는 팔팔하고 건강한 별이 아니라 나이 들고 죽어 가는 별에서 생겨나요.

별 안에는 어떤 힘이?

주계열성(▶73쪽)에서는 별 안쪽의 힘이 **균형**을 이뤄요. 별의 질량에서 생긴 중력은 별의 모든 부분을 가운데로 끌어당겨서 별을 하나로 묶어 주죠.

별의 중심에서는 엄청난 압력으로 수소 핵을 서로 밀어 붙여 헬륨을 만들고, 그러면 별의 중심에서 에너지가 나와서 바깥쪽으로 밀어내는 힘이 생겨요.

내부의 압력과 중력이 서로 균형을 이루면서 별은 같은 크기를 유지할 수 있어요. 그렇게 계속 수소를 융합하면서 우주로 에너지를 내보낸답니다.

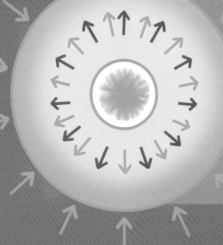

별의 핵은 전자기 복사(빨간색 화살표)와 중력(초록색 화살표)과 균형을 이루는 압력(파란색 화살표)을 만들어 낸다.

연료가 떨어지다

태양과 같은 주계열성은 약 100억 년이 지나면 헬륨으로 융합할 **수소**가 부족해지기 시작해요. 수소가 떨어지면서 수소 원자들은 짝을 찾기 점점 어려워지죠. 하지만 별에는 많은 양의 헬륨이 남아 있어요. 이제부터 별은 수소 대신 **헬륨**을 합쳐서 다른 원소를 만들기 시작해요. 세 개의 헬륨 핵을 합치면 양성자 6개와 중성자 6개를 가진 탄소 핵 1개를 만들 수 있어요.

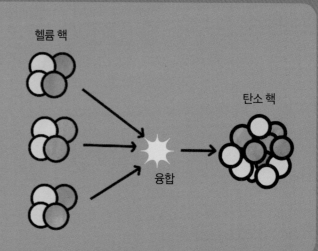

헬륨 핵

융합

탄소 핵

커지면서 빛나다

백만 년이 더 지나면 헬륨도 대부분 줄어들어요. 그 뒤로는 10만 년 동안 일부 탄소가 헬륨과 융합해서 **산소**가 돼요. 이후 만 년 동안 산소가 **규소**로 융합되지만, 그때부터는 상황이 빠르게 진행돼요. 규소가 **철**로 융합하는 데에는 하루밖에 걸리지 않죠. 그러면 별에는 사용할 수 있는 물질이 다 떨어져요. 철은 핵이 너무 단단해서 별 중심의 압력으로는 새로운 물질로 융합되지 않아요. 각 단계에서 핵융합으로 형성된 물질은 별의 중심에서 멀리 떨어진 바깥쪽으로 날아가요. 다른 원소들의 융합이 계속되면서 별은 거대해지죠. 별은 겹겹이 쌓인 공 모양이 되고, 핵 주위를 다른 원소들이 껍질처럼 둘러싸요. 태양에 이런 일이 일어나면 결국 금성의 궤도를 가득 채울 정도로 부풀어 오르다가 지구에 가까워질 정도로 더 커지면서 죽게 될 거예요.

중심이 철로 이루어진 별들도 있으며, 다른 원소들이 그 주위를 둘러싸고 있다.

그러다가 결국

별의 핵이 철로 변하면 핵융합이 멈추기 때문에 더 이상 별의 중심에서 바깥쪽으로 밀어내는 압력이 생기지 않아요. 하지만 별의 질량은 그대로이기 때문에 중력은 여전히 작용하죠. 균형을 맞추던 압력이 사라지면서 별을 지배하게 된 중력은 별의 모든 부분을 중심으로 끌어당겨요. 이때 중심에는 공간이 없어서 별의 크기에 따라 다른 결과가 나타나요. 더 큰 별에서는 안쪽으로 빨려 들어간 모든 물질이 엄청난 힘으로 다시 튕겨져 나오면서 거대한 폭발이 일어나요. 이게 바로 **초신성**이에요. 우리 태양과 같이 작은 별에서는 **백색왜성**이라는 매우 조밀하지만 작고 빛나는 뜨거운 철 덩어리가 만들어져요. 그 밖의 물질은 탄소, 산소, 규소 및 기타 원소를 포함하는 기체 구름인 '**행성상 성운**'이 되어 우주로 날아가죠.

초신성은 우주에서 볼 수 있는 가장 큰 폭발이다.

초신성의 잔해

큰 별이 초신성으로 폭발할 때 붕괴되는 중심부는 압력이 엄청나서 철조차도 강제로 융합될 수 있어요. 철보다 큰 원자 번호를 가진 원소들은 초신성에서 만들어진 후 우주로 튕겨져 나가요. 이 원소들은 우주 곳곳에 흩어져 있다가 기체 구름에 묶여 응축되면서 **새로운 별**이 돼요. 태양계의 모든 것은 이렇게 별에서 시작된 화학 원소로 구성되어 있죠. 우리 몸에는 예전에 있었던 다양한 별의 원자가 들어 있는 거예요.

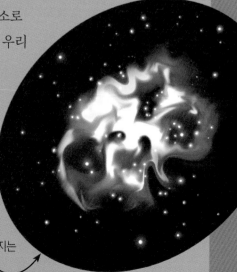

초신성의 잔해는 우주에서 떠돌다가 새로운 별이 만들어지는 과정에서 붙잡힐 수 있다.

1955년~1960년

제2차 세계 대전 이후 과학이 발전하면서 소련과 미국은 우주 탐사에 투자하기 시작했어요. 그렇게 우주 기술은 동물을 우주로 보내는 일부터 시작해 최초의 인공위성을 궤도에 올리는 데까지 발전했죠. 전파 망원경이 더 발전하면서 새로운 천체가 발견되었고, 외계 생명체를 찾아 나서는 등의 새로운 시도가 이루어졌어요.

1955년

독일의 물리학자 프리드바르트 빈터베르크는 인공위성에 **원자 시계**를 설치해서 아인슈타인의 일반 상대성 이론을 검증해 보자고 제안했다. 그는 우주에서는 지구 중력의 영향이 적기 때문에 지구에 있는 같은 시계보다 약간 더 빨리(하루에 38마이크로초) 원자 시계가 작동해야 한다는 사실을 알아냈다.

1959년

루나 3호가 **달의 반대쪽 면**을 촬영한 최초의 사진을 지구로 보냈다. 달은 항상 같은 면이 지구를 향하고 있기 때문에 그전까지는 아무도 달의 반대쪽을 본 적이 없었다. 달이 29일에 한 번씩 자전하는 것과 같은 주기로 지구를 한 바퀴 돌기 때문이다.

1955년

1957년

소련에서 **최초의 인공위성**인 스푸트니크 1호가 발사되었다. 크기가 배구공만 했던 이 금속 구체는 98분 동안 지구 궤도를 돌며 전 세계에서 수신할 수 있는 "삐" 소리를 전파로 보냈다.

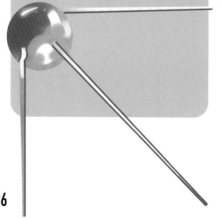

1957년

첫 번째 인공위성이 발사된 지 한 달 후, **라이카**라는 개를 태운 스푸트니크 2호가 발사되었다. 라이카는 이 우주여행에서 살아남지 못했다. 아마도 우주에 도착하기도 전에 죽었을 것이다.

1958년

미국에서 우주 탐사와 연구를 관리하기 위해 **NASA**(미국 항공 우주국)를 설립했다.

1959년

소련의 탐사선 루나 1호가 **달에 가까이 간 최초의 탐사선**이 되었다. 루나 1호는 태양풍을 감지했고 달에 자기장이 없다는 사실도 발견했다.

1959년

루나 2호가 인류가 **달에 보낸 최초의 물체**가 되었다. 루나 2호는 달 표면에 충돌하듯 착륙했다.

1950년대 후반

전파 망원경으로 우주를 연구하는 천문학자들이 준항성 전파원인 **퀘이사**를 처음으로 발견하기 시작했다. 하지만 퀘이사가 정확히 무엇인지는 알 수 없었다. 퀘이사는 매우 강렬한 전파를 뿜어내는 존재처럼 보였고, 광학 망원경에는 보이지 않았다. 오늘날 퀘이사는 주로 젊고 활동적인 은하의 중심에 있다고 알려져 있다.

· 아주 멀리 있는 천체, 퀘이사 ·

1960년대 초, 천문학자들은 퀘이사에서 오는 빛의 적색 이동이 아주 크다는 것을 알게 되었다. 이 천체가 아주 멀리 있다는 의미였다. 많은 퀘이사는 우리가 볼 수 있는 우주의 가장자리에 있다. 퀘이사의 전파 신호가 지구에 도달하는 데 오랜 시간이 걸렸기 때문에 퀘이사를 보는 것은 시간을 거슬러 은하가 만들어지던 초기 우주를 보는 것과 같다.

1960년

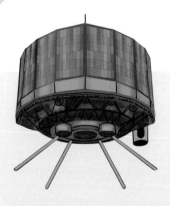

1960년

특정 기능을 위한 최초의 위성 티로스 1호가 발사되었다. **기상 위성**이었던 티로스 1호는 1962년부터 전 세계 곳곳의 날씨를 알려 주었다.

1960년

소련 탐사선 스푸트니크 5호에 탑승한 개 **스트렐카와 벨카**가 우주 비행에서 살아남았다. 이들은 27시간 동안 지구 주위를 17번 돌고 지구로 돌아왔다. 우주선에는 개뿐만 아니라 생쥐 42마리, 쥐 2마리, 토끼 1마리, 그리고 파리와 식물, 곰팡이도 함께 실려 있었다.

1960년

'오즈마 프로젝트'라는 최초의 **SETI 실험**이 진행되었다. SETI는 지능을 가진 외계 생명체 탐색의 줄임말이다. 전파 망원경으로 4개월 동안 하루에 6시간씩 약 11광년 떨어진 별 2개를 관측했지만, 흥미로운 전파 신호는 잡히지 않았다.

chapter 5

우주 시대의 시작

1960년대는 우주에서 무엇을 할 수 있을지, 무엇을 발견하고 발명할
수 있을지, 어떻게 살 수 있을지에 대한 낙관과 흥분이 가득했던
시기였어요. 그래서 60년대를 '우주 시대'라고 부르기도 해요.
사람들은 달이나 다른 행성으로 여행을 떠나는 우주 관광을 꿈꿨어요.
이런 모습이 우스꽝스러워 보인다면, 그것은 우리가 지금 우주와
우주여행에 관해 당시보다 훨씬 더 많이 알고 있기 때문이에요.
우주여행은 1960년부터 20세기 말에 현실이 되긴 했지만 아주 적은
수의 우주 비행사만 누릴 수 있었답니다. 대부분의 우주 탐사는 행성,
달, 소행성, 혜성으로 보낸 로봇 탐사선이 수행했죠. 로봇 탐사선은
이전에는 상상할 수 없었던 방식으로 태양계를 우리 눈앞에 보여
주었어요. 천문학자들은 행성과 달을 가까이에서 촬영한 사진을
가지고 그것들이 무엇으로 이루어져 있는지 알아내며 그 역사를
정리하기 시작했어요. 하지만 우주여행은 비싸고 어려운 데다 많은
시간이 걸려서 사람들에게는 꿈으로만 여겨졌어요. 우주는 휴가를
떠나기에는 좋지 않은 곳이죠. 바위와 붉은 모래만 볼 수 있는
화성에서 2주를 보내는 데에는 거의 2년이 걸리고 남극만큼이나 추운
날씨를 견뎌야 하거든요.

우주를 향한 경쟁

20세기 후반, 미국과 소련은 우주 탐사에서 큰 목표를 이루기 위해 경쟁을 벌였어요. 그중 가장 중요한 목표는 우주 비행사를 달에 보내는 것이었어요. 이 '우주 경쟁'은 공산주의와 자본주의라는 두 정치 이념의 정면충돌을 대신했죠. 이 시기는 소련과 중국을 중심으로 한 공산주의 국가들과 자본주의 서방 사이에 팽팽한 긴장감이 감돌던 냉전 시기의 한 부분을 차지했어요.

순조로운 출발

최초의 위성은 1957년 소련에서 발사한 스푸트니크 1호로, **우주를 향한 경쟁**의 시작을 알렸어요. 곧이어 미국도 위성을 발사했지만, 1961년에 최초의 우주 비행사 유리 가가린이 보스토크 1호를 타고 지구 궤도를 돌면서 다시 소련이 앞서 나갔어요. 이미 1959년에 루나 2호는 달에 착륙(혹은 추락)한 최초의 탐사선이 되었고, 달의 반대쪽 면을 촬영한 사진을 보내왔죠. 이후 소련은 처음으로 우주 비행사가 우주선 밖에 나갈 수 있도록 하거나, 다른 행성 표면에 최초의 탐사선을 보내거나, 최초의 우주 정거장을 짓는 등 더 많은 승리를 거두었어요.

달의 반대쪽 면은 1959년에 루나 2호가 사진을 보내오기 전에는 한 번도 본 사람이 없었다.

달을 향한 경쟁

하지만 미국은 곧 달을 향한 경쟁에서 소련을 앞질렀어요. 1964년, 레인저 7호가 달 표면을 자세하게 찍은 사진을 보내오면서 착륙지 탐색이 시작되었죠. 1960년대 동안 NASA는 달 주위에 탐사선과 승무원을 보내 달에 더욱 가까이 다가갔고, 마침내 1969년에 아폴로 11호를 통해 우주 비행사 2명이 달에 발을 디뎠어요. 지금까지도 달 표면에 서 본 사람은 모두 12명에 불과해요. 마지막 착륙은 1972년에 이루어졌어요. 달 착륙에 성공하면서 미국은 달의 암석과 수많은 정보, 그리고 놀라운 사진을 확보했고, 우주 경쟁에서 승리하게 되었죠.

뜨겁고 푹푹 찌는 금성

달 외에도 NASA가 화성에 집중하는 동안 소련은 금성으로 향했어요. 이러한 임무에는 인간 대신 로봇이 실린 탐사선들을 보냈지요. 금성으로 간 소련의 **탐사선 베네라**의 첫 번째 임무는 순조롭게 진행되지 못했어요. 베네라 3호는 1966년에 금성에 충돌하면서 다른 행성에 도달한 최초의 탐사선이 되었어요. 이듬해 베네라 4호는 금성의 뜨겁고 밀도가 높은 산성 대기를 뚫고 조심스럽게 착륙해서 사진과 정보를 보내왔어요. 사람들은 한때 금성이 정글이 우거진 따뜻하고 울창한 낙원이기를 희망했지만 베네라 7호는 그러한 희망을 깨뜨렸어요. 1970년에 베네라 7호는 금성의 표면 온도가 475°C이고 대기압이 지구의 약 90배에 달한다는 사실을 알려 주었어요. 베네라 9호는 다른 행성 표면에서 촬영한 최초의 사진을 보내왔고, 거칠고 바위가 많은 세상의 흐릿한 모습을 보여 주었죠.

화성과 그 너머

사람들은 오랫동안 이 '붉은 행성'에 외계 생명체가 살고 있을지 궁금해했어요. 1965년, 매리너 4호가 우주에서 촬영한 **최초의 화성 사진**에는 붉은빛이 도는 바위투성이의 황량한 풍경이 담겨 있었어요. 최근 보낸 탐사선들은 여전히 생명체의 흔적을 찾고 있지만, 지금은 살아서 돌아다니는 외계인보다는 과거에 살았거나 현재 살아 있는 미생물의 증거를 찾고 있어요.

또한 NASA는 탐사선을 보내 더 멀리 있는 행성들을 지나가면서 기체와 얼음으로 이루어진 거대 행성 주변에서 더 많은 위성을 발견하고 행성에 관한 정보를 더욱 많이 수집했어요.

작은 우주선을 발사하는 데에는 거대한 로켓이 사용되었다. 우주여행에 사용되는 에너지는 대부분 지구의 중력을 벗어나는 데 사용된다.

우주에 머무르기

너무 먼 우주에 가지 않더라도 우주에서는 배울 수 있는 게 많아요. 소련과 미국은 지구 주위를 도는 **초기 우주 정거장**을 건설해서 우주 비행사가 한 번에 몇 달씩 머무를 수 있게 했죠. 우주 정거장에서 과학자들은 다양한 실험을 할 수 있어요. 무중력 상태에서 어떤 일이 일어나고 우주의 방사선이 생명체에 어떤 영향을 미치는지 연구할 수 있죠. 우주 비행사는 인공위성을 수리하거나 우주 망원경을 조정하는 것과 같은 작업도 해요. 최초의 우주 정거장은 미국과 소련이 각각 따로 만들었지만, 지금은 여러 나라의 과학자들이 국제 우주 정거장(ISS)에서 일하고 있어요.

1975년, 미국의 아폴로 우주선이 소련의 소유즈 우주선과 도킹했다.

1961년~1965년

1960년대에 본격적으로 시작된 우주 경쟁이 항상 잘 진행된 것만은 아니에요.
금성이나 수성, 달에 갔던 탐사선들이 추락하거나 기기 고장으로 아무런 정보도
보내 주지 못하면 과학자와 공학자들은 실망에 빠졌죠. 하지만 이런 탐사선들은
그곳에 가야만 얻을 수 있는 태양계의 자세한 사실들을 밝혀냈어요.

1961년

유리 가가린이 **인류 최초로
우주에 갔다.** 그는 우주선
보스토크 1호를 타고 108분
동안 지구 궤도를 돌며 우주를
비행했다.

1961년

1962년

러시아의 우주 비행사
발렌티나 테레시코바가
우주에 간 최초의 여성이
되었다. 그는 보스토크
6호를 타고 70시간 동안
지구 궤도를 돌았다.

1961년

미국의 천문학자 프랭크 드레이크가
은하계에서 **지적 외계인**이 거주할 수
있는 행성의 수를 계산하는 공식을
만들었다. '한 문명이 무선 교신이
가능한 기간'과 같이 정확하게
말하기 어려운 값이 대부분이라
유용한 답을 얻기는 어렵지만, 답은
수백만에서 0까지 다양할 수 있다.

1962년

미국의 매리너 2호가
금성에 성공적으로
다가가서 처음으로
다른 행성의 정보를
보내왔다.

1962년

천문학자 세 명이 **은하**가 거대한 기체 구름이 자체
중력에 의해 붕괴할 때 만들어진다고 주장했다. 기체
구름이 회전하기 시작하여 원반 모양으로 평평해지고
바깥쪽 가장자리부터 별이 만들어진다. 그러므로
은하는 그 안에 있는 가장 오래된 별만큼 오래되었다.
물론, 먼저 태어난 별들이 모여서 은하가 된다는
관점도 있다.

1961년

소련의 탐사선 베네라 1호가 금성
근처를 날아가며 처음으로 지구가
아닌 행성 가까이에서 비행하는 데
성공했지만 자료를 보내지는 못했다.

1963년

전파를 보내는 수수께끼 존재로만 파악되었던 **퀘이사**가 관측 가능한 천체라는 사실이 처음으로 밝혀졌다. 이것은 퀘이사의 빛 스펙트럼을 비로소 조사할 수 있다는 사실을 의미했다. 조사 결과, 퀘이사가 매우 멀리 떨어져 있고 매우 빠르게 멀어지고 있다는 사실이 밝혀졌다.

· 퀘이사의 의미 ·

퀘이사는 은하 중심에 있는 거대한 블랙홀과 관련이 있다. 물질은 블랙홀의 안쪽을 향해 나선형으로 끌려가면서 가열되어 빛을 포함한 모든 종류의 에너지를 방출한다. 퀘이사는 은하 전체보다 수천 배 더 많은 빛을 낼 수 있다. 우주의 가장자리에 더 많은 퀘이사가 있다는 것은 우리가 우주 초기의 퀘이사를 보고 있다는 사실을 의미하며, 은하가 만들어지는 초기 단계에는 퀘이사가 더 흔하다는 것을 뜻한다.

1965년

1964년에 발사된 매리너 4호가 화성에 다가가서 처음으로 다른 행성의 사진을 촬영했다.

1965년

1964년

로버트 윌슨과 아노 펜지어스는 빅뱅의 '메아리'라고 불리는 **우주 마이크로파 배경 복사**(CMBR)를 감지했다. (▶79쪽) 그들은 하늘의 모든 곳에서 항상 나오는 전파 신호의 간섭 때문에 윙윙거리는 배경 잡음을 발견했는데, 이것이 바로 CMBR에서 예상된 것이었다.

1964년

레인저 7호는 (일부러) 달 표면에 충돌하기 전에 4,300장이 넘는 **달 사진**을 촬영했다. 망원경으로 얻을 수 있는 사진의 1,000배에 달하는 해상도로 찍힌 이 사진들은 달 표면 전체가 크레이터로 움푹 파여 있다는 것을 처음으로 보여 주었다.

1965년

지금까지 발견된 것 중 가장 큰 적색 초거성인 **백조자리 NML**이 발견되었다. 이 별의 크기는 태양의 1,000배가 넘었다.

1965년

소련의 우주 비행사 알렉세이 레오노프가 우주선 보스호트 2호에서 최초의 **우주 유영**에 성공했다. 레오노프는 12분 동안 우주를 유영하면서 떠내려가지 않도록 4.8m 길이의 줄에 묶여 있었다.

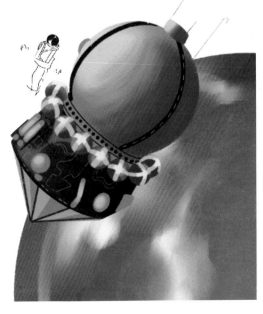

드레이크 방정식에서 SETI까지

1950년대에 우주 과학자들은 외계 생명체가 있을 가능성에 대해 진지하게 고민하기 시작했어요. 하지만 더 이상 화성에 운하를 건설하는 생명체를 상상하지는 않았어요. 다만 행성을 가진 별이 너무 많기 때문에 지구뿐만 아니라 다른 곳에서도 생명체가 존재할 가능성이 높다는 진지한 생각을 하게 되었답니다.

외계인이 등장하는 최초의 이야기는 1800년 전에 쓰였다. 달에 거대한 거미가 있다는 내용이었다.

소설에서 시작된

SF 소설은 로켓에 대한 열정을 불러일으키는 것부터 우주여행의 가능성과 외계인 발견을 진지하게 고민하는 것까지 다양한 방식으로 과학을 자극해 왔어요. 가장 오래된 우주 이야기는 2세기에 그리스어로 쓴 것으로, 이상한 생물들이 살고 있는 달로 여행을 떠나는 상상을 담고 있어요. 1752년에 프랑스 작가 볼테르는 토성에 7,000m 높이로 자란 존재가 있다는 글을 쓰기도 했죠. 20세기 중반에도 SF는 큰 인기를 끌었어요.

가까운 곳과 먼 곳에서 찾기

달에는 생명체가 없다는 것이 명확해졌고, 금성도 사람이 살 수 없는 곳으로 밝혀졌어요. 하지만 사람들은 화성에 대해서만큼은 희망을 버리지 않았어요. 화성에서는 오래 전에 죽은 미생물의 증거를 발견할 가능성도 여전히 남아 있죠. 물론 사람들이 가장 흥미롭게 생각하는 것은 우주에 존재하는 **다른 지적 생명체**일 거예요. 지적 외계인을 발견할 가능성을 계산하는 드레이크의 방정식(▶92쪽)은 이 질문에 대한 답을 제시하지는 못했지만, 답을 찾기 위해 우리가 무엇을 알아야 하는지는 보여 주었죠. 대부분의 천문학자들은 태양계 안에서 지적 생명체를 찾을 확률은 거의 없다고 보고 있어요. 하지만 거대 기체 행성의 여러 위성 중 하나 이상에서 단순한 생명체를 발견할 가능성은 있어요. 우리는 표면과 대기가 무엇으로 이루어져 있는지, 생명체를 가질 수 있는지 혹은 생명체의 흔적이 있는지 살펴보는 방식으로 태양계 안에서 생명체를 찾아요. 그리고 로봇 착륙선과 탐사 장비를 보내 환경을 더 자세히 살펴보고 표본을 채취할 수도 있어요. 하지만 이러한 방식은 태양계 안에서만 가능해요. 다른 곳은 너무 멀어서 가장 가까운 다른 별에 도달하려면 수만 년이 걸려요.

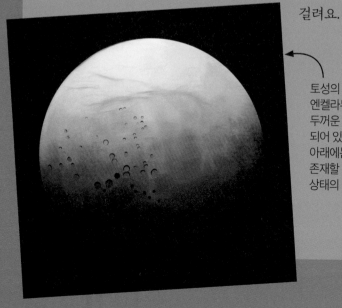

토성의 위성인 엔켈라두스는 두꺼운 얼음 층으로 되어 있지만 얼음 아래에는 생명체가 존재할 수 있는 액체 상태의 물도 있다.

우주 라디오

과학자들은 무선 신호를 모니터링하고 자연에서 나올 수 없는 패턴이나 신호를 찾으며 우주의 다른 곳에서 생명체를 찾기 시작했어요. 펄서가 처음 발견되었을 때 어떤 사람들은 펄서가 규칙적이라면 외계인이 보낸 것일 수 있다고 주장했지요. 나름대로 근거가 있었어요. 1971년, 미국은 'SETI'라는 프로그램을 통해 정기적으로 전파 신호를 살피기 시작했죠.

1977년, 규칙이 있는 것처럼 보이는 신호가 하나 잡혔어요. 그러나 이 신호는 반복되지 않았고, 그 신호에 어떤 의미가 있었는지는 아무도 알아낼 수 없었어요.

연락하기

우주에서 전파를 살피는 것은 다른 지능적인 집단의 신호를 찾는 방법이에요. 또 다른 선택은 외계 문명에 우리 자신을 알리는 것이죠. 여러 과학자들이 지적했듯, 이 방법은 위험할 수 있으므로 자주 사용되지는 않아요. 외계인이 우리를 친구로 여기지 않을 수 있거든요. 인류 역사를 통틀어 탐험가와 정착민은 새로운 땅에 갈 때 이미 그곳에 살고 있던 사람들을 죽이고 학대하며 그들의 땅과 자원을 훔쳤어요.

외계인도 마찬가지일 수 있어요. 그래도 1974년 **아레시보 망원경**에서는 외계인이 이해할 수 있는 정보를 담아 메시지를 전송했어요. 그 메시지에는 무엇보다도 인간의 단순한 모양이 담겨 있었어요. 답장은 (아직) 오지 않았어요.

아레시보 메시지는 50년 전에 한 번 전송된 적이 있다. 지금쯤 50광년 떨어진 별에 도달했을지도 모른다.

"우리는 여기에 있어요"

1970년대에 태양계 가장자리를 향해 발사한 탐사선에는 지구와 인간에 대한 세부 정보가 담긴 **명판과 음반**이 실렸어요. 이는 미래에 로봇 탐사선을 발견할지도 모르는 외계인을 위한 것이었죠. 첫 번째 탐사선인 파이어니어호는 외부에 도표와 함께 간단한 명판이 붙어 있었어요. 두 번째 탐사선인 보이저호에도 각각 '골든 레코드'와 음반 재생기가 있었죠. 이 음반에는 고래, 새소리, 빗소리는 물론, 거의 3000년 동안 사용되지 않았던 아카드어를 비롯한 여러 언어의 인사말 등 지구에서 녹음한 소리와 사진이 담겨 있었어요.

골든 레코드에는 작동 방법에 대한 설명이 포함되어 있지만 사람이 보기에도 이해하기는 쉽지 않다.

파이어니어 명판에는 남자와 여자가 그려져 있다. 도표에는 탐사선이 태양에서 세 번째 행성인 지구에서 출발했다는 사실뿐만 아니라 탐사선이 발사될 당시 다른 별들과 비교한 태양의 위치도 담겨 있다.

1966년~1969년

1960년대의 마지막에는 두 우주 비행사의 달 착륙이 인류 역사와 우주 탐사에서 대단히 중요한 사건 중 하나가 되었어요. 우주 과학에서 아폴로 임무는 달을 방문하지 않고는 얻을 수 없었던 정보와 암석 표본을 얻는 것을 의미했지요.

1966년

소련의 탐사선 루나 9호가 **달에 부드럽게 착륙**하는 데 성공하면서 우주에서 다른 물체에 착륙하여 살아남은 최초의 탐사선이 되었다. 루나 9호는 달 표면 사진, 라디오 방송, 텔레비전 영상을 보내왔다.

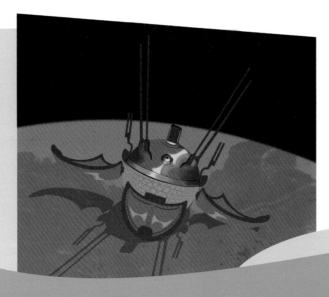

1967년

베네라 4호는 금성의 두껍고 뜨거운 대기를 뚫고 90분 동안 하강하면서 **금성의 대기**에 대한 정보를 수집했다. 하지만 표면에 도달하기 전에 열과 압력에 의해 파괴되었다.

1966년

1966년

NASA의 루나 오비터 1호는 달 주위를 돌며 착륙 지점 선정에 도움이 될 수 있는 사진을 촬영한 최초의 미국 탐사선이다. **달 근처에서 지구를 촬영**한 최초의 사진도 찍었다.

1966년

소련의 탐사선 베네라 3호가 금성에 착륙하지 못하고 추락했지만, **다른 행성 표면에 도달한 최초의 탐사선**이 되었다.

1967년

영국의 천문학자 조슬린 벨이 최초의 **펄서**를 발견했다. 펄서는 빠르게 뛰는 전파원이다. 이전에 펄서를 발견한 사람들이 있었지만 그 중요성을 확인하거나 조사하지는 않았다.

아폴로 11호가 달에 착륙할 당시에도 컴퓨터는 존재했지만 현대의 컴퓨터만큼 강력하지는 않았다. 달 착륙에 사용된 컴퓨터는 지금의 휴대 전화보다 연산 능력이 떨어졌다. 달에 도착하고 궤도를 도는 경로를 계산하는 수학의 대부분은 수학자 캐서린 존슨이 해결했다. 오늘날에는 컴퓨터가 이런 일들을 한다.

1968년

아폴로 8호는 **달의 주위를 돈 최초의 유인 우주선**이었다. 아폴로 8호의 우주 비행사들은 우주에서 지구 전체를 보았고, '지구 일출'과 달의 반대쪽 면을 본 최초의 사람들이 되었다.

1969년

아폴로 11호가 우주 비행사 두 명(닐 암스트롱과 버즈 올드린)과 함께 **달에 착륙**했다. 이들은 달 표면에 21시간 동안 머무르다가 지구로 귀환했다.

1969년

1968년

소련의 존드 5호가 **달 주위를 돌고 지구로 귀환**한 최초의 탐사선이 되었다. 이 탐사선에는 다른 동물들과 함께 거북이 두 마리가 탑승했는데, 이들은 생물이 달까지 살아서 우주여행을 할 수 있다는 것을 보여 주었다.

1969년

빅토르 사프로노프가 행성이 별 주위에 어떻게 만들어지는지 설명하는 **행성 강착 이론(▶98쪽)**을 발표했다.

· 중성자별의 모습 ·

중성자별은 큰 별이 자체 중력에 의해 붕괴되어 초신성으로 폭발할 때 남은 초고밀도의 핵으로 이루어져 있다. 중성자별의 핵은 크기가 대략 20km 정도로 도시만 하지만 질량은 태양의 1.3~2.5배에 달한다. 각설탕 크기의 중성자별 조각은 에베레스트산의 질량과 맞먹는다. 중성자별은 매우 강력한 자기장과 전기장을 만들어 내고 초당 몇 바퀴씩 매우 빠르게 회전한다. 중성자별이 적당한 방향으로 지구를 향하면 방출하는 에너지 빔이 등대의 빛처럼 주위를 휩쓸며 펄서처럼 보인다.

1969년

아폴로 11호와 여러 달 착륙선이 가져온 **달의 암석과 토양 표본**은 달과 태양계의 기원을 조사하는 데 도움을 주었다. 달의 암석은 오늘날에도 여전히 조사 중이며, 태양계의 구성 요소에 대한 귀중한 정보를 제공한다.

1968년

토마스 골드는 펄서가 **중성자별**이라고 설명했다. 중성자별은 매우 빠르게 회전하며 전파를 내뿜는다.

행성의 형성

아폴로 우주선이 달에서 수집한 암석과 토양은 과학자들이 태양계의 구성 성분을 밝히는 데 도움이 되었어요. 하지만 태양계가 만들어진 원리는 여전히 밝혀내지 못했죠. 빅토르 사프로노프의 행성 강착 이론은 가장 좋은 설명을 제공하는 이론이었고, 지금까지도 맞는 것으로 여겨지고 있어요.

별과 행성

별이 만들어질 때는 소용돌이치는 먼지와 기체 구름이 붕괴돼요. 대부분의 물질이 중심에 집중되어 점점 더 밀도가 높아지고 뜨거워지다가 결국 핵융합이 시작되죠. 하지만 모든 먼지와 기체가 중심으로 떨어지는 것은 아니에요. 나머지 구름은 새롭게 만들어지는 별 주위를 돌며 원반 모양으로 평평해져요. 이것을 **원시 행성계 원반**이라고 하는데, 여기에서 여러 행성이 만들어질 수 있어요. 처음에는 구름이 상당히 평평한 모습을 보여 주지만 곧 울퉁불퉁해져요. 성장하는 별 주변에서는 작은 입자들이 충돌하면서 서로 달라붙어 약간 더 큰 덩어리가 되기도 해요. 이 과정이 계속되면서 덩어리가 점점 더 커지죠. 물질 덩어리가 커질수록 지나가는 다른 덩어리를 끌어당기는 중력도 더 커지고, 그렇게 더 많은 물질을 끌어당기면서 점점 더 커져요. 더 큰 덩어리는 미행성, 그러니까 아기 행성이 돼요.

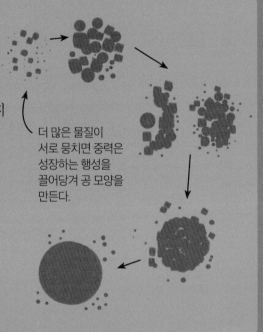

더 많은 물질이 서로 뭉치면 중력은 성장하는 행성을 끌어당겨 공 모양을 만든다.

원반에서 반지 모양으로

더 큰 구름에서는 극적인 현상이 나타나요. 가장 큰 덩어리는 주변의 모든 물질을 빨아들여 궤도를 깨끗하게 하고 원반에 틈을 남겨요. 그러면 원반은 여러 겹의 **고리 모양**이 되지요. 남은 물질도 마지막엔 대부분 행성과 소행성, 위성으로 끌려들어 가고 나머지 암석과 얼음덩어리는 소행성과 혜성이 돼요.

행성은 별 주위를 소용돌이치는 물질로 형성된다.

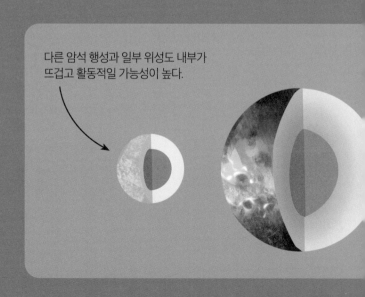

다른 암석 행성과 일부 위성도 내부가 뜨겁고 활동적일 가능성이 높다.

암석 행성이 만들어질 때 내부는 뜨거워진다.

뜨거운 중심부

암석 행성은 중심 별 근처에서 만들어지는데, 이곳은 암석 먼지가 고체로 유지될 정도로 충분히 차갑지만 일부 다른 물질은 여전히 뜨거워서 기체로 남아 있어요. 중력이 전체 표면을 안쪽으로 끌어당기면 암석 덩어리는 더 커지고 밀도가 높아지죠. 중심부에는 엄청난 압력이 쌓여 행성의 물질을 가열하고, 일부는 녹게 돼요. 무거운 물질이 가운데로 가라앉으면 **암석으로 둘러싸인 금속 핵이** 생성돼요.

결빙선

항성계는 중심이 가장 뜨겁고, 별에서 멀어질수록 차가워져요. 별마다 다른 일정 거리에는 **결빙선**이라는 경계가 있어요. 이 선을 넘어가면 우리가 기체라고 생각하는 물질이 액체로 응축되고, 때로는 고체로 얼어붙기까지 할 정도로 추워져요. 이곳에서는 기체 행성이 만들어질 수 있어요. 결빙선 안쪽에서는 암석만 고체가 되는 온도가 유지되기 때문에 암석 행성만 만들어질 수 있어요.

기체 덩어리

별 근처에서는 암석 자갈이 행성이 되는 것처럼 결빙선 너머에서는 작은 얼음 자갈이 행성이 돼요. **기체 행성**은 암석 행성보다 훨씬 더 거대한 크기까지 커지죠. 거대 기체 행성에는 단단한 표면이 없지만, 일부는 작은 암석 핵을 가지고 있을 수 있어요. 기체의 깊은 층은 슬러시 같은 얼음이 될 때까지 점점 두꺼워지지요. 하지만 이 얼음은 낮은 온도가 아니라 높은 압력으로 만들어져서 뜨겁답니다.

층을 이루다

지구는 암석 행성이에요. 지구 중심에는 부분적으로 녹아 액체 상태가 된 **매우 뜨거운 핵**이 있어요. 철과 니켈로 이루어진 이 핵은 두꺼운 암석 맨틀에 둘러싸여 있죠. 지구의 얇은 지각은 단단하고 차가워요. **물**이 액체 상태를 유지하면서 바다가 될 수 있을 정도로 차갑죠. 기체는 지구에서 가장 가벼운 물질로, 지구와 우주를 분리하는 얇은 **대기층**에 있어요.

1970년~1973년

1970년대 초에는 달 착륙이 마지막으로 이루어졌고, 태양계 가장자리를 넘어 성간 우주로 향하는 최초의 탐사선이 발사되었어요. 블랙홀이 실제로 존재한다고 인정받았고 외계 생명체를 찾기 위한 노력을 시작했어요.

1970년

타고-사토-코사카 혜성을 둘러싸고 있는 수소 구름이 발견되었다. 혜성이 태양에 다가갈 때 혜성의 물 얼음 분자가 부서지면서 수소를 내보낸다.

1971년

최초의 블랙홀인 백조자리 X-1이 엑스선 망원경으로 발견되었다. 이 엑스선 광원은 빛을 내보내지 않았다. 천문학자 킵 손과 스티븐 호킹은 이것이 블랙홀인지 내기했고, 호킹은 1990년에 백조자리 X-1이 블랙홀이라는 사실이 밝혀져서 돈을 잃었다.

처음으로 발견될 당시에 블랙홀은 주변에 있던 청색 초거성에서 물질을 벗겨내고 있었다.

1970년

1970년

소련의 탐사선 베네라 7호가 처음으로 다른 행성인 **금성에 부드럽게 착륙**한 뒤, 금성의 표면 온도가 475℃라는 정보를 보내왔다.

1971년

미국이 지적 외계인을 찾기 위한 **SETI** 프로젝트를 시작했다.

1971년

우주 비행사 앨런 셰퍼드가 달에서 큰 바위를 수집했다. 이 바위에는 '**빅 버사**'라는 별명이 생겼다. 2019년에 발표된 연구에 따르면 이 암석에는 40억 년 전 지구에서 온 운석이 포함되어 있는 것으로 밝혀졌다. 지구 표면은 끊임없이 변화하기 때문에 이 암석은 지금까지 알려진 가장 오래된 지구 암석 중 하나이다.

1971년

소련이 최초의 **우주 정거장**인 살류트 1호를 발사했다. 이 우주 정거장은 175일 동안 지구 주위를 돌다가 고의로 바다에 추락했다. 우주 비행사 세 명이 살류트 1호에 갔지만 지구로 돌아오는 도중 사망했다.

1971년

소련의 탐사선 마스 3호가 화성에 처음으로 **안정적으로 착륙**해서 화성 표면의 흐릿한 이미지와 함께 전파 신호를 보냈다. 하지만 화성에서 발생한 최악의 먼지 폭풍 때문에 14초 만에 중단되고 말았다.

1971년

아폴로 15호의 우주 비행사들이 300여 년 전 **갈릴레오가 제안한 실험**을 진행했다. 갈릴레오는 두 개의 물체를 동시에 떨어뜨렸을 때 공기가 없으면 무게에 관계없이 같은 속도로 떨어질 것이라고 말했다. 데이비드 스콧은 망치와 깃털을 동시에 떨어뜨렸고, 이들은 달 표면에 동시에 떨어졌다.

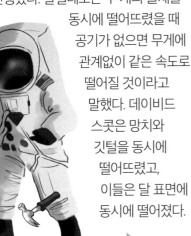

• 파이어니어 탐사선 •

기체와 얼음으로 구성된 거대 외행성을 향해 처음으로 탐사선을 보냈다. 원래 목성을 향해 21개월 동안 임무를 수행할 예정이었던 파이어니어 10호는 실제로 30년을 버티며 2003년에 마지막 자료를 보냈고, 화성을 넘어 태양계 밖으로 향한 최초의 탐사선이 되었다. 1973년에는 목성의 첫 번째 사진을 보내왔다.

1972년

NASA가 **파이어니어 10호**를 발사하고 이듬해 **파이어니어 11호**를 발사했다.

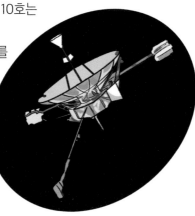

1973년

1971년

매리너 9호가 **다른 행성의 주위를 도는 최초의 탐사선**이 되었다. 매리너 9호는 화성 표면의 85%를 촬영하고 사진 7,000장을 보내왔다. 이중에는 화성의 두 위성인 포보스와 데이모스의 사진도 있었다.

1971년

최초의 **월면차**가 달에서 사용되어 우주 비행사가 달 위를 빠르게 이동하고 더 멀리 여행할 수 있게 되었다. 최고 속도는 시속 18km 정도였다.

1971년

우주 비행사 앨런 셰퍼드가 달에서 **골프**를 치며 중력이 약하고 공기 저항이 없는 달의 극적인 효과를 보여 주었다.

월면차 3대 모두 아직 달에 있다.

1972년

마지막으로 사람을 태우고 달에 간 것은 **아폴로 17호**였다. 추가 여행 계획이 있었지만 NASA가 달에서의 목표를 이루었기 때문에 취소되었다.

1973년

미국 최초의 우주 정거장인 **스카이랩**이 발사되었다.

1974년~1980년

1970년대 후반에는 우주 탐사가 더 먼 곳을 바라보게 되었어요. 이 시기에는 금성과 화성 표면을 촬영한 최초의 사진과 목성과 토성에서 보내온 사진이 도착했고, 깊은 우주를 오가는 메시지가 뉴스에 등장했어요. 지구와 우주의 역사를 더 다양하게 탐구할 수 있었어요.

1975년

소련 탐사선 베네라 9호가 **금성 표면의 첫 번째 사진**을 보내왔다.

1974년

과학자들은 약 40억 년 전에 지구와 달에 수많은 소행성이 떨어진 '**후기 대폭격**' 시기가 있었을 것이라고 제안했다.

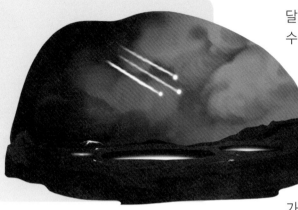

• 달의 크레이터 •

달 표면에 크레이터가 많다는 사실과 아폴로 임무에서 수집된 달의 암석 표본은 태양계가 아주 젊었을 때 우주에서 온 수많은 암석이 지구와 달에 충돌했다는 생각으로 이어졌다. 지구에는 날씨가 있고 표면이 자주 변하기 때문에 달처럼 푹 파인 자국은 없지만, 달은 수많은 크레이터에 그 상처를 여전히 간직하고 있다. 물론 최근에는 이러한 생각에 의문을 제기하는 과학자들도 있다. 연구된 달의 암석은 모두 아주 좁은 지역에서 가져온 것이어서 달 전체의 모습을 반영하지는 않을 수도 있기 때문이다.

1974년

1975년

미국의 아폴로 우주선이 소련의 소유즈 우주선과 도킹하여 우주 비행사들이 악수하고 음식을 나누며 함께 과학 실험을 했다. **우주 경쟁의 종료**와 협력의 희망찬 시작을 알린 순간이었다.

1974년

아레시보 전파 망원경이 우주로 메시지를 전송했다. 여기에는 인간을 단순하게 그린 그림과 지구 생명체의 유전 암호를 담고 있는 화학 물질인 나선형 DNA 분자, 그리고 외계인에게 우리가 지적인 존재임을 알려 줄 수 있는 여러 정보가 들어 있었다. 이 메시지는 지구에서 약 2만 5000광년 떨어진 곳에 있는 큰 성단을 향해 전송됐다.

1976년

바이킹 1호와 2호가 화성에 착륙하여 최초로 화성 표면에서 **선명한 사진**을 찍었다. 두 탐사선은 궤도선과 착륙선으로 구성되었는데, 화성에서 서로 다른 지역에 착륙선을 내렸다.

1977년

NASA가 발사한 보이저 탐사선 2대가 **외행성 사이**를 비행하며 사진을 찍고 태양계 밖으로 나갔다.

두 보이저 탐사선의 접시 모양 안테나는 크기가 3.7m이다.

1979년

보이저 1호와 2호가 **최초의 목성 사진**을 보내왔다. 이중에는 목성의 위성 다섯 개의 모습도 있었다. 놀랍게도 이오의 활화산 사진도 찍혔다.

1979년

파이어니어 11호가 **토성의 첫 번째 사진**을 보내왔다. 위성 두 개와 행성 주변의 고리가 추가로 발견되었다.

1980년

1980년

아르헨티나의 과학자 루이스 앨버레즈와 월터 앨버레즈는 6600만 년 전에 지구에서 발생한 비조류 공룡의 대량 멸종이 **거대한 소행성 충돌** 때문이라고 제안했다.

1977년

미국 오하이오주에 있는 빅이어 천문대에서 전파 신호를 감시하던 과학자들은 지금까지 수신된 것과는 다른 특이한 신호를 발견했다. 이 신호는 72초 동안 이어졌지만 다시는 반복되지 않았다. 이 신호는 아직까지 설명된 적이 없으며, 지금까지 발견된 것 중에서 **외계인이 보낸 신호**일 가능성이 가장 크다.

이 신호를 발견한 작업자가 출력물 옆에 "와우!"라고 적었기 때문에 '와우! 신호'라고 불린다.

1980년

앨런 구스는 빅뱅 직후 우주가 **순식간에 팽창**했다고 제안했다. 이 순간은 1조 분의 1초에 불과했지만 그 사이에 우주는 10^{30}(1 뒤에 0이 30개)배로 커졌다. 이를 **우주 인플레이션**이라고 한다.

먼 우주로

대부분의 탐사선은 달이나 다른 행성, 혹은 소행성이나 혜성과 같이 태양계 안에서 목적지가 정해져 있어요. 하지만 1970년대에 NASA는 외행성을 지나고 태양계를 벗어나 다른 별을 향하는 탐사선 두 쌍을 보냈어요. 이 탐사선들 중 일부는 연락이 끊겼지만 여전히 비행 중이에요. 이들은 인류 최초로 태양계를 벗어나 별과 별 사이의 공간인 성간 우주로 간 물체예요.

선구적인 개척자

첫 번째로 보낸 탐사선은 1972년과 1973년에 발사된 파이어니어 10호와 11호예요. 파이어니어 10호는 태양을 돌고 있는 폭 2억 8천만 km의 **소행성대**를 비행한 최초의 탐사선이었죠. 소행성대에는 크기가 10m~530km에 이르는 암석 덩어리가 백만 개 넘게 있는데, 시속 13만 1천 km로 태양 주위를 도는 이 암석들은 46억 년 전에 행성이 만들어지고 남은 잔해예요. 파이어니어 10호는 1973년에 소행성대를 통과해 목성을 지나면서 목성이 대부분 액체 상태라는 정보 등을 보내왔어요. 쌍둥이 탐사선인 파이어니어 11호는 목성과 토성을 모두 연구해서 여러 고리와 토성의 위성에 대한 정보를 가져다주었답니다.

길의 끝

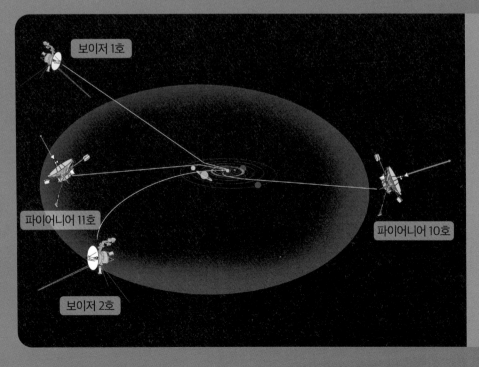

파이어니어 10호는 태양계 외곽을 탐사하며 태양풍에 관한 정보를 보내다가 1997년에 신호를 보낼 수 있는 전력이 모두 떨어졌어요. 파이어니어 11호는 1995년에 교신이 끊겼죠. 파이어니어 10호는 항성 **알데바란**을 향해 날아가고 있지만 도달하는 데는 2백만 년 이상 걸릴 거예요. 파이어니어 11호는 약 백만 년 후에 백색왜성을 지나고 약 4백만 년 후에 **독수리자리 람다**에 접근할 거예요.

보이저 1호

파이어니어 11호

파이어니어 10호

보이저 2호

항해하는 보이저

두 번째로 발사된 탐사선들은 보이저 1호와 2호예요. 이제 이들은 파이어니어호를 앞질렀고, 보이저 1호는 **인간이 만든 것 중에서 가장 멀리까지 간 물체**가 됐어요. 보이저 2호는 목성과 토성의 사진을 더 찍고 천왕성과 해왕성도 촬영했어요. 그러면서 기체와 얼음으로 이루어진 거대 행성들의 주변에서 새로운 위성 22개를 발견했죠.

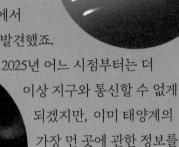

2025년 어느 시점부터는 더 이상 지구와 통신할 수 없게 되겠지만, 이미 태양계의 가장 먼 곳에 관한 정보를 보내 주었어요.

동력 공급

파이어니어호와 보이저호는 **원자력**을 에너지로 사용해요. 그 말은 곧, 방사성 물질이 붕괴하면서 전기 공급원이 서서히 사라진다는 뜻이지요. 이 에너지원은 장비를 운영하고 지구와 신호를 교환하는 데 사용돼요. 하지만 탐사선이 비행하는 데에는 전력이 필요하지 않아요. 우주에는 마찰이나 공기 저항이 없기 때문에 무언가에 부딪히지 않는 한 계속 움직일 수 있기 때문이죠. 보이저 1호는 1990년에 태양계 밖으로 나가면서 지구의 마지막 사진을 찍었어요. <창백한 푸른 점>이라는 제목으로 알려진 이 사진에는 60억 km 떨어진 거리에서 바라본 지구의 모습이 담겨 있어요.

경계를 넘어

두 보이저호는 이제 우주에서 태양의 영향이 미치는 한계선인 **태양권계면**을 통과했어요. 이들은 태양풍이 감소하고 우주선 입자가 증가하는 것을 바탕으로 태양권계면의 위치를 발견했죠. 보이저 1호는 2012년에, 보이저 2호는 2018년에 이곳을 지나갔어요.

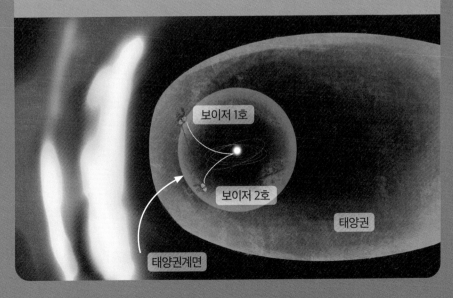

보이저 1호

보이저 2호

태양권

태양권계면

저 밖에 있는 누군가에게…

파이어니어호와 보이저호 모두 언젠가 마주칠지도 모르는 **외계인을 위한 정보**를 담고 있어요. 파이어니어호의 외부에는 탐사선이 지구에 사는 인간에게서 왔다는 사실을 표시하는 간단한 명판이 있죠.(▶95쪽) 보이저호에는 훨씬 더 많은 정보가 디스크에 저장되어 있고, 탐사선에 있는 장비로 디스크를 재생할 수 있어요. 탐사선은 충돌로 파괴되지 않는 한 우주 공간에서 망가지지 않고 계속 날아갈 수 있어요. 수백만 년 후에 외계인이 정보를 복구할 수도 있고, 아니면 영원히 하지 못할 수도 있어요.

1981년~1990년

1980년대에는 인간이 만든 그 어떤 물체보다 더 멀리 날아간 파이어니어호와 보이저호가 태양계에서 가장 먼 행성을 가까이에서 처음으로 촬영한 사진을 보내왔어요. 가장 바깥쪽 행성인 해왕성은 지구보다 태양에서 약 30배나 멀리 떨어져 있죠.

1985년

NASA의 국제 혜성 탐사선(ICE)은 **혜성 가까이에서 비행**한 최초의 탐사선이었다. 이 탐사선이 수집한 정보는 혜성이 '지저분한 눈덩이'와 같다는 이론에 힘을 실어 주었다.

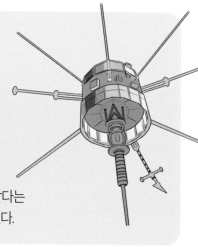

1981년

NASA는 우주 비행사를 우주 정거장으로 실어 나르는 **우주 왕복선 컬럼비아호를** 발사했다. 컬럼비아호는 최초의 재사용 가능한 우주선이었다.

1986년

보이저 2호가 8만 km를 웃도는 거리에서 **천왕성**을 지나가면서 천왕성을 찍은 최초의 사진을 보내왔고, 위성 11개와 새로운 고리 2개를 발견했다. 보이저 2호가 보내온 행성과 위성의 사진은 7,000장이나 됐다.

1981년

1983년

구이온 블루퍼드가 **최초의 아프리카계 미국인 우주 비행사**가 되었다.

1983년

적외선으로 하늘을 관측하는 위성이 처음으로 **하늘을 완전히 스캔**했다. 이 위성은 하늘의 96%를 관측하고 새로운 천체 30만 개를 발견했다. 적외선은 가시광선 바로 너머에 있으며 우리에게는 열로 느껴진다는 점에서 이들은 뜨겁긴 하지만 가시광선을 충분히 내지는 못하는 천체이다.

1984년

우주 비행사 브루스 매캔들리스가 최초의 **자유 우주 유영**에 성공했다. 그는 우주선과 몸을 케이블로 연결하지 않고 질소로 움직이는 제트팩을 사용했다. 이는 최초의 유인 기동 장치였다.

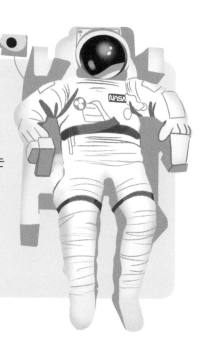

1986년

유럽 우주국 ESA는 탐사선 조토를 핼리 혜성으로 보내 **혜성의 중심에 있는 핵**을 촬영했다. 혜성에서 600km 이내로 접근한 조토는 혜성의 핵이 15km 길이의 땅콩 모양이라는 사실을 발견했고, 색이 매우 어두운 이유가 먼지로 덮여 있기 때문이라는 가능성도 보여 주었다. 조토는 혜성의 80%가 얼음이고 10%는 일산화 탄소라는 사실도 보여 주었다.

1989년

보이저 2호가 12년 동안 초속 19km로 비행한 끝에 **해왕성을 처음 찍은 사진들**을 보내왔다. 사진에는 5,000km 거리에서 해왕성을 지나면서 찍은 해왕성과 그 위성들의 모습이 담겨 있었다. 해왕성의 가장 큰 위성인 트리톤은 보이저 2호가 마지막으로 일부러 다가갔던 단단한 물체였다.

1986년

우주 왕복선 챌린저호가 이륙 중 폭발해서 탑승자가 모두 사망했다. 이 사고로 우주 왕복선 프로그램이 잠시 중단되었다.

1990년

보이저 1호가 60억 km 거리에서 지구의 모습이 담긴 사진 **<창백한 푸른 점>**을 촬영했다.

1990년

1986년

소련이 **미르 우주 정거장**을 발사했다. 15년 동안 운영된 이 우주 정거장은 소련이 없어진 뒤에도 자리를 지켰다.

1990년

NASA의 탐사선 마젤란이 레이더를 사용하여 **금성 표면 전체를 측정**하기 시작했다. 그 결과 금성 표면이 매우 젊다는 사실이 밝혀졌다. 이는 금성 전체에 퍼져 있는 화산에서 용암이 흘러나와 새로운 행성 표면을 만들었다는 사실을 의미했다.

1990년

허블 우주 망원경이 발사되었다.

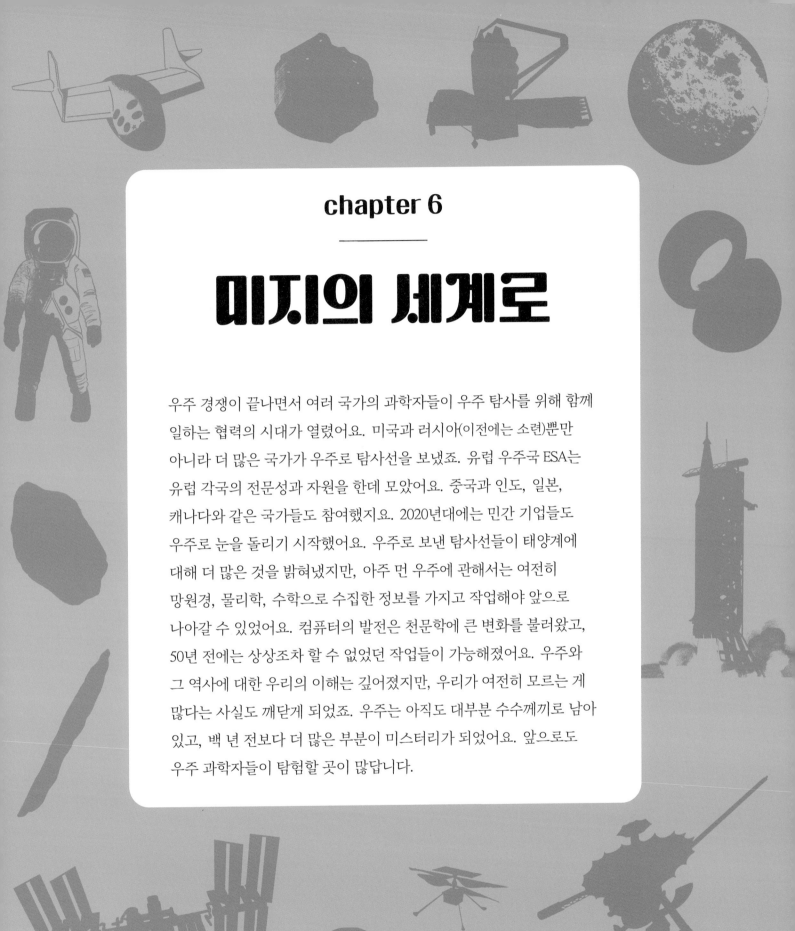

chapter 6

미지의 세계로

우주 경쟁이 끝나면서 여러 국가의 과학자들이 우주 탐사를 위해 함께
일하는 협력의 시대가 열렸어요. 미국과 러시아(이전에는 소련)뿐만
아니라 더 많은 국가가 우주로 탐사선을 보냈죠. 유럽 우주국 ESA는
유럽 각국의 전문성과 자원을 한데 모았어요. 중국과 인도, 일본,
캐나다와 같은 국가들도 참여했지요. 2020년대에는 민간 기업들도
우주로 눈을 돌리기 시작했어요. 우주로 보낸 탐사선들이 태양계에
대해 더 많은 것을 밝혀냈지만, 아주 먼 우주에 관해서는 여전히
망원경, 물리학, 수학으로 수집한 정보를 가지고 작업해야 앞으로
나아갈 수 있었어요. 컴퓨터의 발전은 천문학에 큰 변화를 불러왔고,
50년 전에는 상상조차 할 수 없었던 작업들이 가능해졌어요. 우주와
그 역사에 대한 우리의 이해는 깊어졌지만, 우리가 여전히 모르는 게
많다는 사실도 깨닫게 되었죠. 우주는 아직도 대부분 수수께끼로 남아
있고, 백 년 전보다 더 많은 부분이 미스터리가 되었어요. 앞으로도
우주 과학자들이 탐험할 곳이 많답니다.

1991년~2000년

20세기의 마지막 10년 동안에는 전체 우주와 그 역사에 대한 새롭고 극적인 사실들이 밝혀졌을 뿐만 아니라 로봇 탐사선이 태양계에서 점점 더 많은 일을 하게 되었어요. 미국과 소련 사이의 냉전이 끝나면서 우주 탐사를 위한 협력도 시작되었죠. 국제 우주 정거장의 첫 번째 모듈이 발사되면서 전 세계 과학자들이 우주를 탐험할 수 있는 공간이 마련되기도 했어요.

1991년

NASA의 탐사선 갈릴레오는 **소행성 주변을 가까이에서 비행**한 최초의 탐사선이다. 갈릴레오는 가스프라에서 1,600km 떨어진 위치를 지나면서 두 천체의 충돌 잔해로 만들어진 불규칙한 모양의 물체를 발견했다.

1991년

1993년

탐사선 갈릴레오가 소행성 아이다에 **닥틸**이라는 위성이 있다는 사실을 발견했다. 이것은 **소행성에서 발견된 최초의 위성**이었다.

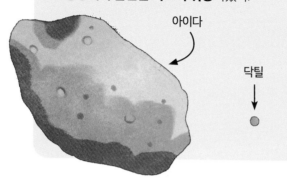

아이다

닥틸

1994년

NASA의 탐사선 마젤란은 행성에 의도적으로 추락한 최초의 탐사선이다. 금성 표면에 떨어진 마젤란은 하강하는 동안 **금성의 대기 상태**를 측정했다.

1995년

탐사선 갈릴레오가 **목성 주위를 도는 최초의 탐사선**이 되었다.

1992년

코비(COBE) 위성에서 수집한 정보를 활용해 **우주 마이크로파 배경 복사**(CMBR)를 기록한 최초의 지도가 제작되었다. 이 지도는 관측 가능한 우주 전체에 걸친 미세한 온도 변화를 보여 준다. 이렇듯 초기 우주는 울퉁불퉁해 보였다. 물질과 에너지의 농도가 약간 더 높은 영역에서는 나중에 은하가 발달했다.

1993년

허블 우주 망원경은 1990년에 발사되었지만 1993년까지는 제대로 작동하지 않았다.

1995년

태양과 같은 별 주위를 도는 **외계 행성**이 처음으로 확인되었다. 외계 행성은 태양이 아닌 다른 별의 주위를 도는 행성이다.

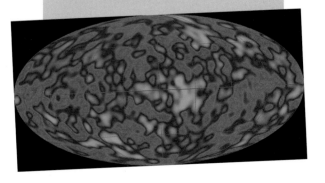

· 허블 우주 망원경 ·

허블 망원경은 지구 주위를 도는 우주 망원경이다. 우주에 떠 있기 때문에 우주에 있는 물체를 매우 선명하게 볼 수 있다. 지상 망원경은 대기가 빛이나 여러 복사를 흡수하거나 반사하고 왜곡하기 때문에 대기의 영향이 망원경의 시야를 방해할 수 있다. 하지만 허블 망원경은 지구 대기에 의해 대부분 차단되는 자외선도 관측할 수 있다. 지상에 대형 망원경을 설치할 때에도 일반적으로 공기가 맑고 깨끗한 높은 곳을 선택하지만, 공기가 없는 우주와 비교할 수는 없다.

1997년

NASA의 착륙선 패스파인더가 탐사차 소저너를 싣고 화성으로 날아갔다. 소저너는 다른 행성을 탐사하는 데 사용된 **최초의 탐사 로봇**이었다.

1998년

미국 천문학의 핵심 인물인 유진 슈메이커가 **달에 묻힌 최초의**(그리고 지금까지 유일한) **사람**이 되었다. 그의 유골 28g은 캡슐에 담겨서 우주선에 실렸고, 우주선은 임무가 끝난 후에 의도적으로 달 표면에 추락해서 그의 유골을 달에 남겼다.

1998년

우주 과학자 솔 펄머터와 애덤 리스는 **우주가 점점 더 빠른 속도로 팽창하고 있다**는 사실을 발견했다.

· 팽창하는 우주와 암흑 에너지 ·

천문학자들은 오래된 초신성의 빛을 관측하면서 빛이 예상보다 덜 밝다는 사실을 발견했다. 이는 초신성이 예상보다 더 멀리 떨어져 있음을 의미했다. 이 사실은 우주의 팽창이 점점 빨라지고 있으며 약 75억 년 동안 이어졌다는 결론을 도출했다. 과학자들은 이것이 중력과 반대 방향으로 작용하며 물체를 밀어내는 암흑 에너지 때문이라고 생각한다.

2000년

1998년

국제 우주 정거장 ISS의 첫 번째 모듈이 발사되었다. 우주 정거장은 우주로 모듈을 하나씩 보낸 뒤 우주 비행사와 로봇이 함께 조립해 완성했다. 우주 정거장에 첫 상주 승무원들이 들어간 것은 2000년이었다.

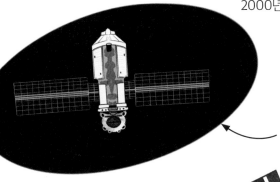

ISS의 첫 번째 모듈인 자랴

1999년

NASA에서 2004년에 혜성 **빌트2**에 도착해 물질 표본을 수집할 목적으로 탐사선 스타더스트를 발사했다.

표본은 2006년에 지구에 도착했다.

ISS의 현재 모습

· 국제 우주 정거장 ·

ISS는 미국, 러시아, 유럽연합, 일본, 캐나다의 우주 기관이 협력하여 만든 프로젝트이다. 이 우주 정거장에는 거주, 작업, 실험 수행, 도킹 우주선 수용, 우주 정거장의 자체 유지·보수를 위한 모듈이 있다. 과학자들은 우주 정거장에서 미세 중력과 같이 우주 환경이 필요한 실험을 수행한다.

다른 세계를 찾아서

사람들은 수백, 수천 년 동안 우주에 존재하는 다른 세계의 가능성을 궁금해했어요. 하지만 망원경이 발명되기 전까지 모든 행성과 별은 밤하늘에 떠 있는 빛나는 점에 불과했죠. 그중 어떤 것도 다른 세계라고 생각할 이유는 없었어요.

끝이 없는 세계

초기에 우주에 관해 깊이 생각했던 사람들 중에는 태양이 다른 별과 같은 별이지만 단지 우리와 가까이 있기 때문에 더 크고 밝을 뿐이라는 사실을 깨달았어요. 그래서 다른 별들도 자신의 주위를 도는 세계를 하나씩 가지고 있을 수 있다고 생각했죠. 그건 우주에 행성이 수백만 개나 더 존재할 수 있다는 뜻이었어요. 하지만 알아낼 방법이 없었어요. 오늘날 최고의 광학 망원경으로도 다른 별의 주위를 도는 행성을 태양계의 행성만큼 자세히 볼 수는 없어요.

첫 번째 증거

1992년, 중성자별 주위를 도는 행성 세 개가 발견되었어요. 이 행성들은 최초로 발견된 **외계 행성**이었죠. 사실 1917년에 외계 행성을 보고도 못 알아본 적이 있긴 했어요. 천문학자들은 1993년에 목성보다 두 배 이상 큰 행성이 백색왜성과 펄서 주위를 도는 것을 발견했어요. 2년 후, 디디에 쿠엘로와 미셸 마요르는 태양처럼 아직 에너지를 만들어 내는 항성인 주계열성 주위에서 최초의 외계 행성을 발견했어요.

더 많이 찾기

천문학자들은 외계 행성을 찾아 우주를 샅샅이 뒤지기 시작했어요. 외계 행성을 찾는 방법에는 여러 가지가 있지만, 일정한 주기로 **약간 어두워지는 별**을 찾는 방법이 매우 효과적이었어요. 행성이 별의 앞을 지나가면 별에서 우리에게 도달하는 빛의 양이 약간 줄어들기 때문이죠. 천문학자들은 별이 어두워지는 주기를 바탕으로 외계 행성의 공전 주기와 지름을 잴 수 있어요. 외계 행성을 찾는 또 다른 방법은 별이 '흔들리는 순간'을 알아보는 거예요. 행성을 가진 별은 주위를 도는 행성에 의해 당겨져서 좌우로 살짝 움직이는 것처럼 보이거든요. 이렇게 **흔들리는 정도**를 바탕으로 행성의 질량도 계산할 수 있어요. 게다가 행성의 밀도를 계산해서 행성이 암석과 기체 중 어떤 것으로 구성됐는지도 알 수 있답니다.

외계 행성을 찾는 데 가장 좋은 도구는 **우주에 있는 망원경**이에요. 2009년에 발사한 케플러 망원경은 외계 행성을 찾기 위해 특별히 쏘아 올린 최초의 망원경이에요.

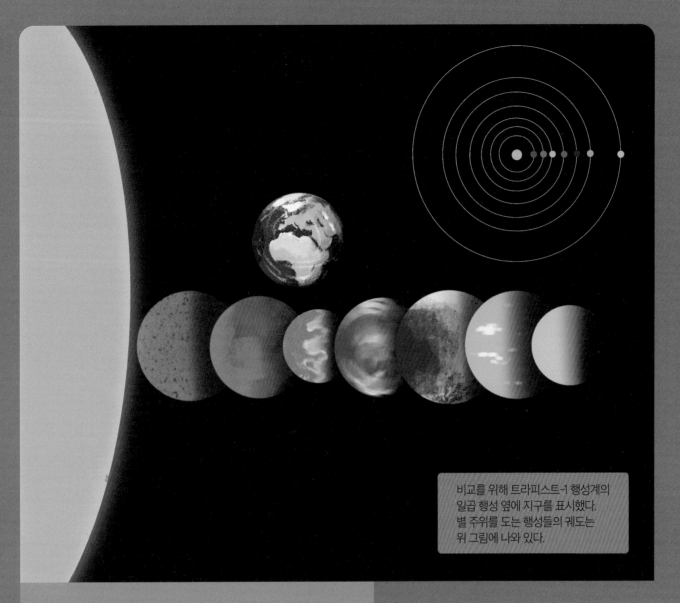

비교를 위해 트라피스트-1 행성계의 일곱 행성 옆에 지구를 표시했다. 별 주위를 도는 행성들의 궤도는 위 그림에 나와 있다.

행성 한 세트

별에는 많은 행성이 있을 수 있어요. 태양 주위에는 행성이 최소 8개 있죠. 지금까지 천문학자들은 외계 행성을 5,500개 넘게 발견했고, 아직 조사 중인 외계 행성도 수천 개나 더 있어요. 우리은하에는 수천억 개의 별이 있는데, 행성의 수는 별보다 더 많아요. 2017년에 처음 발견된 **트라피스트-1 행성계**에는 지구만 한 암석 행성이 7개 있어요. 그중 몇몇에는 지구보다 더 많은 물이 있는 것으로 보여요. 중심별은 우리 태양보다 훨씬 작고 차갑지만, 행성들이 별에 훨씬 더 가까이 있어요. 그래서 이 행성들의 1년은 며칠에 불과해요. 가장 중심별에서 가까운 행성의 1년은 지구에서의 반일밖에 되지 않고, 가장 먼 행성의 1년도 20일이에요.

우리의 집과는 다른

트라피스트-1 행성계에는 일곱 개의 암석 행성이 있지만, 외계 행성이 꼭 **암석 행성**이기만 한 건 아니에요. 목성이나 토성보다 훨씬 거대한 **기체 행성**도 있고, 기체 행성이지만 더 작은 것들도 있죠. 항성에 매우 가까워서 '뜨거운 목성' 같은 행성도 있어요. 지구와 닮았지만 크기가 훨씬 큰 '**슈퍼 지구**'도 있죠. 어떤 행성들은 표면이 액체로 되어 있을 수도 있어요. 아주 별난 행성 중에는 액체 유리로 된 비가 내리는 곳이 있는가 하면, 1년이 몇 시간밖에 되지 않는 금속 덩어리 행성도 있어요.

2001년~2009년

21세기가 시작되면서 인도와 중국도 우주 탐사에 참여하기 시작했어요.
달과 화성에서 물이 발견되었고, 혜성에서도 물을 발견하면서 초기 지구가
한때 혜성과 소행성에 의해 물을 전달받았을 것이라는 생각이 힘을 얻게
되었어요.

2001년

2000년에 소행성
주위를 도는 최초의
탐사선이 된
니어호가 **소행성
에로스에 착륙**하는
데에도 성공했다.

2004년

카시니호가 **토성 주위를 도는 최초의 탐사선**이 되어 13년
동안 궤도에 머물렀다. 이 탐사선은 토성의 고리와 몇몇 위성을
가까이에서 찍은 사진과 이와 관련된 자료를 보내왔다.
이 덕분에 고리가 불규칙한 모양의 입자로 이루어져 있다는
사실이 밝혀졌고, 토성의 위성 타이탄이 태양계에서 지구와
가장 비슷한 곳에 속한다는 사실이 알려졌다.

2001년

2003년

중국이 사람을 **우주에 보낸 세 번째
국가**가 되었다. 우주 비행사 양리웨이는
21시간 동안 지구 주위를 돌았다.

2004년

**처음으로 민간
자금으로
개발한 우주선**
스페이스십원이
24분 동안 우주
비행에 성공했다.

2005년

해왕성 궤도 너머에서 **에리스**가 발견되었다.
에리스는 잠시 행성으로 여겨지기도 했다.
에리스는 하우메아가 발표되기 이틀 전에
마케마케와 함께 발표되었다. 이윽고
천문학자들은 행성이 너무 많아질 것을
걱정했고, 이 새로운 천체들은 2006년에
명왕성과 함께 **왜소행성이라는 새 범주**로
등급이 내려갔다.

2003년

스피처 망원경을
발사했다.
이 망원경은
**우리은하의
거대한 적외선
지도**를 만드는
데 사용되었다.

2005년

NASA의 탐사선 디프 임팩트호는 **혜성 표면 아래를 탐사**하는 첫 번째 임무를 하기 위해 충돌기를 템펠 혜성에 떨어뜨렸다. 그 결과 혜성에 물로 이루어진 얼음과 탄소를 중심으로 한 유기 화학 물질이 있다는 사실이 밝혀지고 혜성이 중력에 의해 느슨하게 뭉쳐져 있어서 '푹신한' 질감이라는 것을 알게 되었다.

2008년

인도의 탐사선 찬드라얀 1호가 **달의 지하 광물 안에 갇혀 있는 물**을 발견했다.

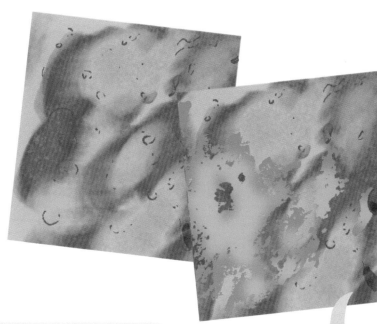

2009년

외계 행성을 찾기 위한 **우주 망원경 케플러**가 발사되었다.

2009년

2007년

남극에서 발견된 운석의 지르콘 결정을 연구한 결과 **소행성대의 소행성들**이 태양계의 시작에서 천만 년도 지나지 않은 매우 이른 시기에 형성되었다는 사실이 밝혀졌다.

2008년

2008 TC3 유성은 지구에 충돌하기 전에 발견되어 추적한 최초의 유성이다. 이 유성은 아프리카 누비아 사막 상공에서 폭발했고 운석 파편 600개가 지상에서 회수되었다.

2008년

화성에 도착한 NASA의 탐사선 피닉스호가 사라지는 얼음덩어리를 발견하고 토양 표본에서 물의 증거 또한 확인했다. **화성에 물이 존재한다는 것**은 과거에 화성에 생명체가 있었을 가능성을 보여 주는 중요한 증거였다. 화성에 물이 있다면 화성에서 임무를 수행할 우주 비행사가 물을 가져가지 않아도 될 수 있다.

2009년

아레시보 전파 망원경에서 가까운 별 세 개를 향해 **'루비스코(RuBiSCO) 메시지'**를 보냈다. 이 메시지는 2021년에 가장 가까운 목적지에 도달하고 2039년에 가장 먼 목적지에 도달할 예정이다. 메시지에는 광합성에 필수적인 효소 단백질의 분자 구조가 담겨 있었다.

2009년

달의 그늘진 크레이터에 로켓을 발사한 NASA의 엘크로스 위성이 달에서 튀어 오른 물질에서 **물을 발견**했다.

우주의 운명

우주 과학자들은 우주가 어떻게 시작되었는지에 관한 증거는 찾을 수 있었지만, 우주가 어떻게 끝날지에 관한 증거는 찾을 수 없었어요. 우주 마이크로파 배경 복사를 발견한 덕분에 우주가 빅뱅과 함께 시작되었다는 사실은 알 수 있었죠. 하지만 우주가 어떻게 끝날지는 과학자들이 수학적으로 계산해 보기만 할 수 있을 뿐이에요.

커질까 작아질까

천문학자들은 우주가 맨 처음부터 **팽창**해 왔고 지난 60억 년 동안 더 빨리 커졌다면 앞으로는 또 어떻게 될지 연구하고 있어요. 우주는 영원히 계속 팽창할 수도 있고, 언젠가 멈출 수도 있죠. 팽창이 멈추면 다시 줄어들 수도 있고, 마지막에 도달한 크기가 영원히 유지될 수도 있을 거예요.

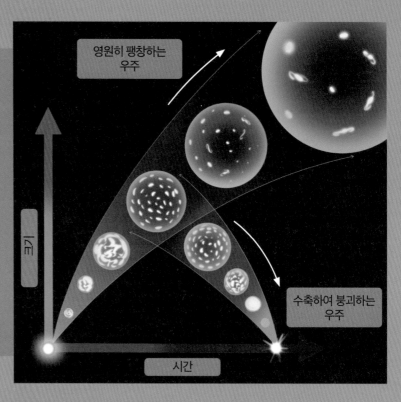

뜨거워지거나 차가워지거나

우주의 크기와 온도는 서로 밀접한 관련이 있어요. 우주는 아주 작지만 엄청나게 뜨거운 점에서 시작되었죠. 우주가 커지면서 압력과 온도가 모두 감소했어요. 만약 우주가 다시 한 점으로 작아진다면 다시 뜨거워지고 압력도 높아질 거예요. 반대로, 우주가 영원히 팽창한다면 점점 더 차가워질 거예요. 어느 시점에서 팽창을 멈춘다면 온도는 상당히 안정적으로 유지되겠죠.

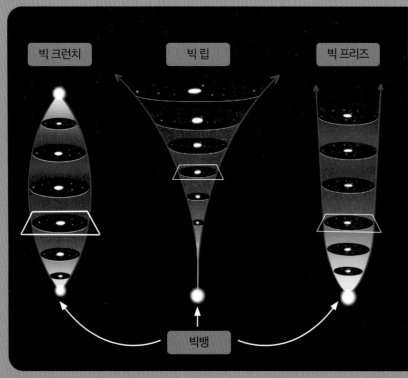

현재 시점(흰색 사각형)을 기준으로 우주는 계속 줄어들거나, 계속 커지거나, 어느 시점에서 변화를 멈출 수 있다.

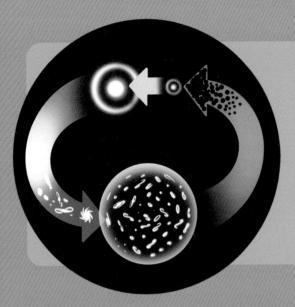

튕겨 나오는 빅뱅

우주가 다시 한 점으로 수축한다면 어떻게 될까요? 한 가지 가능성은 또 다른 빅뱅이 일어나면서 우주의 생애가 다시 반복되는 거예요. 2002년에 천문학자 폴 슈타인하르트와 닐 투록은 '튕겨 나오는' 우주가 어떤 모습인지 이야기했어요. 우주는 빅뱅으로 시작했다가 모든 물질이 다시 아주 작은 점으로 뭉쳐지는 '빅 크런치'를 겪고, 다시 또 다른 빅뱅으로 튕겨져 나오는 과정을 수십억 년마다 반복한다는 거예요.

나쁜 결말

우주에 존재하는 모든 생명체에게는 우주가 계속 성장하는 게 더 안전한 것처럼 보일 수 있어요. 하지만 우주가 영원히 팽창하면서 차가워지기만 한다면 모든 것은 언젠가 **거대하고 차가운 공간**에서 갈기갈기 찢어져 버릴 거예요. 반대로, 우주가 다시 줄어드는 것도 더 나은 결말을 가져다주지는 않아요. 모든 것이 몹시 뜨거운 점 하나로 으깨질 것이기 때문이죠. 다행스러운 점은 이러한 운명이 수십억 년 동안은 일어나지 않는다는 거예요. 그러니 걱정하지 않아도 돼요.

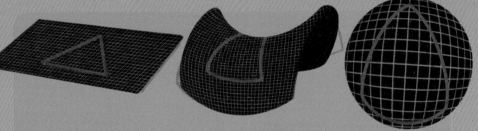

우주는 어떤 모양일까?

우주가 세 가지 운명 중 어떤 것을 만나게 될지는 우주가 어떤 모양인지에 따라 달라져요. 천문학자들은 우주가 종이처럼 **평평하거나**, 공처럼 닫힌 모양으로 **구부러져 있거나**, 말 안장처럼 **열린 모양으로 구부러져 있을 것**이라고 말해요. 실제로 어떤 모양인지는 정확히 알 수 없지만, 주로 천문학자들은 우주가 평평할 것이라고 생각하곤 해요. 이 말은 곧, 우주가 언젠가 팽창을 멈춘다는 것을 뜻해요. 만약 공처럼 닫혀 있다면 어느 순간 빅 크런치로 다시 붕괴하기 시작하겠죠. 만약 열린 모양이라면 영원히 계속 팽창할 거예요.

생각할 거리

최근에는 다른 이론도 제시됐어요. 하나는 블랙홀로 사라지는 물질이 결국 '화이트홀'에서 나와서 다른 우주를 만든다는 이론이에요. 이 이론에 따르면 우리 우주는 다른 우주의 블랙홀에서 나왔을 수 있어요. 또 다른 이론으로는 **'다중 세계'** 이론이 있어요. 이건 은하의 형성부터 아침 식사를 거를지 말지에 이르기까지 무언가 결정되는 순간마다 다른 우주가 분리된다는 이론이에요.

2010년~2014년

태양계의 행성들과 그 위성뿐만 아니라 혜성과 소행성에도 탐사선을 보냈어요. 그와 동시에 우리는 다른 항성계와 다른 은하와 같이 우주의 아주 먼 곳에 대해서도 더 많은 것을 알아냈어요.

2012년

NASA의 탐사선 큐리오시티가 **화성에 착륙**했다. 큐리오시티의 임무는 화성에 미생물이 살기에 적합한 환경이 있었는지 알아내는 것이었다.

큐리오시티는 역추진 로켓과 기중기를 이용해 화성에 착륙했다.

2010년

일본의 탐사선 하야부사가 2005년에 **소행성에서 채취한 첫 번째 표본**을 가지고 지구로 돌아왔다.

2012년

보이저 1호가 **태양권계면**을 통과해 태양계를 벗어났다.

2010년

2011년~2015년

수성 주위를 도는 최초의 우주선인 NASA의 메신저호가 20만 장이 넘는 사진을 찍어 수성 표면 전체를 담아냈다. 메신저호는 태양 빛이 전혀 닿지 않는 극지방 아래에서 물로 이루어진 얼음도 발견했다. 임무가 끝날 무렵에는 추락했고, 수성 표면에 새로운 크레이터를 남겼다.

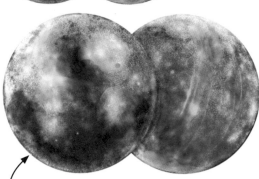

2013년에는 행성의 구성을 나타내기 위해 메신저호의 사진에 색을 입혔다.

· 메신저호가 찍은 수성 ·

메신저호는 수성을 찍을 때 서로 다른 특징과 물질을 구별하고자 다양한 종류의 필터를 사용했다. 이렇게 촬영된 사진들은 다양한 유형의 암석을 선명하게 볼 수 있도록 가공되었다. 하늘색이나 흰색으로 표시된 곳은 생긴 지 얼마 되지 않은 크레이터이며, 갈색은 용암이 흘러서 생긴 평원을 의미한다. 남색은 특정 광물이 풍부한 곳이다.

2013년

175광년 떨어진 바다뱀자리 TW 항성 주변에서 **결빙선**이 촬영되었다. 결빙선 안쪽에는 암석 행성이, 바깥쪽에는 거대 기체 행성이 만들어졌을 가능성이 있다.

2013년

은하들이 100억 광년에 달하는 거리에 **벽처럼 늘어서 있는** 모습이 발견되었다. 그야말로 우주에서 가장 큰 구조물이라고 할 만한 것이었다. 이렇게 **거대한 구조**가 존재한다는 사실은 초기 우주에 대한 천문학자들의 생각과 잘 맞지 않았다. 빅뱅 이후에 그렇게 큰 구조가 발달하기에는 시간이 부족했을 것이기 때문이다.

2014년

ESA의 로제타 탐사선이 10년 만에 67P 추류모프-게라시멘코 혜성에 도착하여 '필레'라는 이름의 착륙선을 혜성에 내려놓고 사진과 정보를 보내는 데 성공했다. 로제타는 **혜성 주위를 돌며 착륙선을 내려 보낸 최초의 탐사선**이었다. 필레와 로제타는 아직 혜성에 남아 있다.

2013년

다른 별의 주위를 도는 소행성이 처음으로 발견되었다. 이 소행성은 50광년만큼 거리를 두고 어떤 죽은 별의 주위를 돌고 있었다. 이 소행성에는 물의 흔적도 있었는데, 과학자들은 물이 존재하면 생명체가 존재할 가능성이 높아진다고 평가한다.

2014년

행성 케플러-186f가 발견되었다. 케플러-186f는 **생명체가 살 수 있다고 생각되는 영역에서 발견된 최초의 외계 행성**이었다. 여기에는 지구와 유사한 생명체가 살 가능성이 있다고 추정된다.

2014년

2013년

유럽 우주국 ESA는 플랑크 인공위성이 16개월 동안 수집한 정보를 바탕으로 **우주 마이크로파 배경 복사 지도**를 만들어 발표했다. 주황색과 붉은색으로 표시된 영역은 더 뜨거운 곳으로, 물질의 밀도가 더 높다는 뜻이다. 이러한 차이는 빅뱅 직후에 각 영역마다 에너지와 물질의 밀도가 달랐다는 사실을 반영하고 있다.

2014년

다른 별 주위에 있는 **원시 행성계 원반**이 처음으로 촬영되었다. 원시 행성계 원반은 별 주변을 빙글빙글 도는 물질의 구름으로, 여기에서 행성이 구성된다.

화성 탐사

태양계의 네 암석 행성 중에서 화성은 지구가 아닌 곳에서 생명체의 흔적을 발견할 가능성이 가장 높은 행성이에요.
하지만 현대 천문학자들은 화성에서 외계인을 발견할 것으로 기대하지 않아요. 생명체 탐사는 이제 미생물을 찾는
데에 집중하고 있어요. 만약 화성의 생명체가 오래 전에 멸종했다면 아마도 화석이 된 미생물을 찾아야 할 거예요.

셋 중 으뜸은

수성과 금성이 **생명체를 발견할 수 없을 정도로
열악한 행성**이라는 사실은 이제 분명해졌어요. 또한
이 행성들의 환경은 탐사하기에도 어렵기 때문에
과거 생명체의 증거를 찾는 일조차 쉽지 않죠.
금성은 한때 지구와 비슷했을지 모르지만 지금은
매우 뜨거운 데다가 독성이 있는 대기가 가득 차
있어요. 금성에서 잠시라도 버틸 수 있는 탐사선을
만들기도 쉽지 않아서 금성의 환경이 과거에
어땠는지 알아내는 것도 지금으로서는 우리의
능력을 넘어서는 일이에요. **제일 희망이 보이는 곳은
화성**이에요. 지금 화성에는 생명체가 살지 못하지만
수백만 년이나 수십억 년 전에는 적어도 미생물이
존재했을 가능성이 있어요.

공중에서 땅에서

화성으로 보낸 탐사선은 세 종류로 구분할 수 있어요.
먼저, **궤도선**은 우주에 머무르면서 화성 표면을
기록하고 사진을 찍어요. 지상의 탐사선에서 자료를
받아 지구로 전달하는 역할도 하죠. 다음으로, **착륙선**은
행성에 착륙해서 그곳의 환경을 연구해요. 착륙선은
움직이지는 않지만, 정보를 수집하는 기계를 가지고
있어요. 마지막으로, **탐사선**은 땅 위를 이동하면서 여러
지역에서 정보를 수집해요.

화성 궤도선(위)이 화성 주위를 돌고 있다. 화성 표면에는 착륙선
인사이트호(가운데)와 탐사선 큐리오시티호(아래)가 있다.

우주와 표면에서
본 화성

궤도선은 행성 주위를
돌면서 행성의 거의
모든 부분을 볼 수 있어요. 궤도선은 표면을 꼼꼼히 촬영하고 행성의 대기 상태나
자기장, 중력과 같이 행성 전체에서 나타나는 특징을 조사하고 관련 수치를 재는 데
유용하죠. 하지만 행성을 더 자세히 조사하려면 **탐사선**을 표면에 보내야 해요. 2018년에
발사된 착륙선 인사이트호는 화성의 핵에 관한 정보를 알아내기 위해 화성의 지진 활동을
살펴보았어요. 지진 활동은 행성 안쪽의 깊은 곳에서 일어나지만, 행성을 통과하는 충격파를
추적해서 측정할 수 있어요.

쉬지 않는 탐사선들

탐사선은 여러 장소에서 사진을 찍을 수 있고, 암석과 토양은 물론 대기 중의 기체도 수집해 조사할 수 있어요. 화성 연구에 사용된 첫 번째 탐사선은 1997년에 화성에 도착한 소저너였어요. 이 탐사선은 풍선에 덮인 상태로 안전하게 착륙한 뒤에 밖으로 나왔죠. 소저너가 착륙한 평원에는 오래전에 저마다 다른 곳에서 온 돌이 많았어요. 마치 홍수라도 난 적이 있었던 것 같았죠. 소저너는 많은 사진을 찍고 돌들을 조사했어요.

낙하산과 대형 풍선 덕분에 우주선 패스파인더는 화성에 안전하게 착륙할 수 있었다.

2003년에 화성에 보낸 쌍둥이 탐사선 스피릿과 오퍼튜니티는 두 지역을 따로 탐사했어요. 두 탐사선 모두 화성에서 물의 증거를 발견했죠. 이건 화성에도 먼 옛날에 바다나 강, 호수가 있었다는 것을 의미했어요.

화성에 착륙한 우주선 패스파인더의 풍선에서 바람이 빠지고 캡슐이 열리자 탐사선 소저너가 밖으로 나왔다.

더욱 큰 호기심을 안고

새로운 유형의 탐사선인 큐리오시티는 2012년에 화성에 착륙했어요. 이 탐사선은 **암석과 토양 표본**을 수집하고 검사해서 그 안에 무엇이 들어 있는지 알아낼 수 있었어요. 큐리오시티는 화성에 언젠가 생명체가 살 수 있는 환경이 존재했다는 증거를 발견했지만, 화성에 정말로 미생물이 살았다는 증거를 발견한 탐사선은 아직까지 하나도 없어요. 가장 최근에 발사된 탐사선 퍼서비어런스는 큐리오시티와 비슷한 유형의 탐사선인데, 채취한 화성 표본을 지구로 가져오기 위해 표본을 튜브에 넣어두기도 했어요.

큐리오시티는 화성에 10년 이상 머물렀지만 이동한 거리는 약 30km에 불과하다.

화성으로 가는 길

우주선이 화성에 도착하는 데에는 적어도 **9개월**이 걸리기 때문에 우주 비행사를 보내기 어려워요. 우주 비행사가 그 기간을 버티려면 충분한 음식과 물, 산소가 필요하고, 비좁은 우주선에서 몇 달이나 갇혀 지내는 것은 신체적으로도 정신적으로도 매우 힘든 일이에요. 화성으로 우주선을 보낼 때는 화성과 지구가 서로를 향해 움직일 때 발사해서 가능한 한 이동 시간을 줄여야 해요. 그렇다면 화성에서 돌아올 때도 알맞은 때를 기다려야 할 테고, 화성에 갔다가 돌아오는 데에는 최소한 21개월이 걸릴 거예요.

2015년~2019년

이 시기에는 화성 지하에서 얼음이 발견되고 탐사선이 카이퍼 벨트를 탐사하는 등 태양계 탐사에 큰 진전이 있었어요. 처음으로 태양계 밖에서 온 소행성이 발견되기도 했죠.

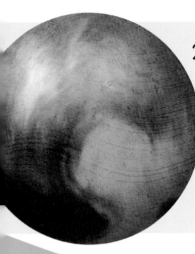

2015년

탐사선 뉴허라이즌스가 9년간의 여정 끝에 왜소행성인 명왕성에 도착했다. 이는 **카이퍼 벨트로 떠나기 위한 첫 번째 발걸음**이었다. 명왕성은 암석 행성처럼 표면이 단단하지만 대부분 매우 단단한 얼음으로 이루어진 왜행성이다.

2015년

태양계에 **아홉 번째 행성**이 존재할 가능성이 있다는 증거가 발견되었다. 만약 아홉 번째 행성이 있다면 카이퍼 벨트에 있는 일부 천체의 궤도가 이상한 이유를 설명할 수 있다. 아홉 번째 행성은 해왕성보다 태양에서 20배 더 멀리 떨어져 있을 것이고, 태양을 한 바퀴 도는 데에는 1~2만 년이 걸릴 것이다.

2015년

화성에서 캘리포니아주와 텍사스주를 합친 것보다 더 큰 얼음덩어리가 발견되었다. 과학자들은 **화성의 5분의 1이 한때 물에 잠겨 있었을 것**이라고 말했다.

2015년

2015년

2007년에 발사된 탐사선 돈(Dawn)이 **소행성대의 왜행성 주위를 도는 최초의 탐사선**이 되었다. 이 탐사선은 세레스에 생명체의 구성 요소인 유기 화학 물질이 존재한다는 사실과 세레스가 최근 지질학적으로 활발하게 활동하고 있다는 사실을 발견했다.

2017년

천문학자들이 은하 M87의 중심에 있는 **블랙홀 사진**을 찍었다. 이 블랙홀은 지금까지 알려진 가장 큰 블랙홀로 손꼽힌다.

2017년

태양계 밖에서 온 '**오우무아무아**'라는 이름의 우주 암석이 태양을 지나갔다. 오우무아무아는 **성간 우주에서 온 것으로 알려진** 알려진 최초의 소행성이다.

2015년

허블 우주 망원경으로 우주를 관찰하던 천문학자들은 **목성처럼 생긴 어느 뜨거운 외계 행성**이 자신이 주위를 돌고 있는 별에 의해 수소를 빼앗기고 있는 것을 발견했다.

2019년

중국의 탐사선 창어호가 **달의 반대편에 무사히 착륙한 최초의 탐사선**이 되었다.

달에 남아 있는 인간의 발자국은 날아가거나 씻겨 내려가지는 않지만, 서투른 방문객에 의해 손상될 수 있다.

2018년

화성 착륙선 인사이트는 화성이 형성된 과정과 화성 내부를 조사하던 중 맨틀과 암석 지각으로 둘러싸인 단단한 **금속 핵**을 발견했다.

2019년

블랙홀이 처음으로 사진에 찍혔다. 이 사진에는 M87 은하 중심에 있는 초대질량 블랙홀의 모습이 담겨 있다. 지구와의 거리는 5500만 광년이다.

2019년

중요한 **초기 달 착륙지를 보존하기 위한 노력**이 시작되었다.

달에 남겨진 물건들은 운석에 부딪히지 않는 한 영원히 그곳에 남아 있을 수 있지만, 특별히 보호하지 않으면 미래에 우주선이 달에 착륙하거나 충돌할 때 손상될 수 있다. 착륙선, 달 탐사선, 도구 등 인간이 달에 가져간 모든 물건은 여전히 달에 남아 있다.

2019년

2018년

소행성 류구에 도착한 일본의 탐사선 하야부사 2호가 탐사선 4개를 이용해 표본을 수집하고 지구로 돌아왔다. 그 결과, 중력에 의해 뭉쳐진 이 소행성이 죽은 혜성일 수 있다는 사실이 밝혀졌다.

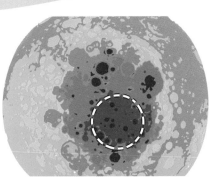

2019년

달을 전체적으로 조사한 결과 지구의 반대쪽에 있는 거대한 크레이터 밑에 **아주 오래된 소행성이 묻혀 있다는 사실**이 발견되었다. 달의 남극 근처에 있는 이 크레이터(흰색 점선으로 표시)는 40억 년 전에 만들어졌다.

2018년

빅뱅으로부터 약 1억 8천만 년 후에 나타난 별들이 발견됐다. 이는 그때까지 알려진 것 중에서 **우주에서 가장 오래된 별들**이었다. 크기가 거대했을 이 별들은 금세 우주에서 사라졌겠지만, 그 빛이 지구까지 오는 데 아주 오랜 시간이 걸렸기 때문에 여전히 볼 수 있다.

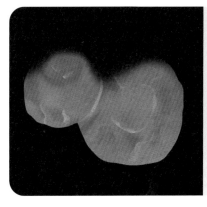

2019년

뉴허라이즌스호가 명왕성 너머 카이퍼 벨트에 있는 천체 **아로코트**를 탐사했다. 아로코스는 지금까지 조사된 천체 중 가장 멀리 떨어져 있다.

2020년~그 이후

우주 과학과 우주 탐사가 앞으로 어떻게 진행될지 미리 내다보기는 어려워요. 어떤 임무는 이미 자세히 계획되어 있고, 어떤 임무는 전체적인 틀만 있지요. 2021년에 발사된 제임스 웹 우주 망원경과 같은 최신 망원경은 새로운 것을 발견할 것이고, 그중에는 상상을 뛰어넘는 발견도 있을 거예요. 오늘날 천문학자들은 암흑 에너지와 초기 우주를 탐구하고 있어요. 과연 앞으로 어떤 것이 또 발견될까요?

2021년

2009년에 보낸 루비스코 메시지가 지구에서 12광년 떨어진 작은 적색왜성인 **'티가든의 별'**에 도착했다. 만약 그곳에 루비스코 메시지를 해석하고 응답할 수 있는 지적인 존재가 있다면 빠르면 2033년에 답장이 도착할 수 있을 것이다.

2020년

NASA의 탐사선 퍼서비어런스가 화성에 착륙해 토양과 암석 표본을 채취했다. 퍼서비어런스호는 장비를 사용하여 몇몇 표본을 직접 검사하고 일부는 다음 탐사선이 가져올 수 있도록 **특수 캡슐**에 보관해 두었다. 퍼서비어런스에는 화성의 희박한 대기에서도 날 수 있도록 제작된 **소형 헬리콥터**도 들어 있었는데, 인제뉴어티라는 이름의 이 헬리콥터도 시험 비행에 성공했다. 그 덕분에 앞으로 화성에서 사진과 정보를 수집할 때 비행을 활용할 수 있다는 사실을 알게 되었다.

2020년

2020년

과학자들은 보이저 2호가 **천왕성**에서 수집한 정보를 바탕으로 천왕성의 자기장 일부가 천왕성의 **대기를 벗겨내고 있다**는 사실을 발견했다.

2021년

2016년에 발견된 **카모오알레바**라는 이름의 소행성이 **충돌로 떨어져 나간 달의 일부**라는 사실이 밝혀졌다. 이 소행성은 지구 주위를 돌고 있다.

너비가 40~100m에 불과한 카모오알레바는 수백 년 동안 지구 근처에 머무를 것이다.

2020년

일본의 탐사선 하야부사 2호가 소행성 류구에서 숯처럼 보이는 **검은색 바위 알갱이 표본**을 가져왔다.

2021년

제임스 웹 망원경이 우주에서 **가장 초기에 탄생한 은하**를 관찰하기 위해 발사되었다. 이 망원경은 은하와 별, 행성이 어떻게 만들어지는지 조사할 것이다.

2023년

120광년 떨어진 외계 행성에서 **물로 이루어진 바다의 흔적**이 발견되었다. 지구의 생명체만 만들 수 있는 화학 물질이 이 행성에도 있다는 징후가 있다.

2023년

암흑 에너지와 암흑 물질을 연구하기 위해 유럽 우주국 ESA의 **유클리드 우주 망원경**이 발사되었다. 유클리드 망원경은 10억 개가 넘는 은하의 크기와 모양을 파악할 예정이다.

2020년대

NASA는 우주 비행사와 로봇이 과학 연구를 할 수 있는 '**아르테미스**' 기지를 달에 건설할 계획을 세웠다. 아르테미스 기지는 화성으로 가는 길의 중간 기착지 역할도 할 것이다.

2034년

목성에서 가장 큰 위성이자 **태양계에서 유일하게 자체 자기장을 가진 위성** '가니메데'에 ESA의 탐사선 주스호가 도착한다. 주스호는 가니메데 주위를 도는 영구 궤도에 진입하기 전에 칼리스토와 유로파를 살펴볼 것이다.

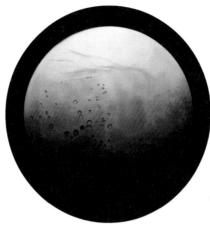

· 얼음 위성과 물 ·

얼음 위성의 두꺼운 얼음 지각 아래에는 거대한 물의 바다가 있을 수 있다. 지구에도 극한 환경에 사는 미생물이 존재하는 것처럼 얼음 위성 중에도 단순한 형태의 생명체가 존재할 가능성이 있다. 이를 확인하는 방법은 얼음 화산에서 우주로 분출되는 물을 모은 다음 그 안에서 생명체의 증거를 찾는 것이다.

2030년

NASA의 탐사선 **유로파 클리퍼호**가 목성의 위성인 유로파에 도착할 예정이다. 유로파 클리퍼호는 다른 행성의 위성 궤도에 진입하는 최초의 탐사선이 될 것이다. 이 탐사선은 유로파를 덮고 있는 바다를 탐사하고 생명체의 흔적을 찾을 것이다.

2030년대 중반

탐사선 퍼서비어런스가 수집한 **화성 암석**을 지구로 가져와야 하지만, 아직 계획된 임무는 아니다.

2030년대~2040년대

NASA와 적어도 한 곳의 민간 기업이 사람을 태우고 화성에 가고 싶어 하지만, 이를 위한 기술은 아직 존재하지 않으며 많은 어려움이 있다. **화성에 사람이 가려면** 우주 비행사의 신체적, 정신적 건강을 유지할 수 있어야 하고, 충분한 식량과 물, 산소, 연료를 운반해야 하는 데다가 화성 표면에서 생활할 수 있는 기술 등을 마련해야 한다.

우주의 타임라인

우주의 시작에 대한 발견과 이론은 우주 과학의 역사에서 최근에 이루어졌어요.
아래 타임라인에는 오늘날 우리가 알고 있는 사실들이 약 138억 년 전에 시간이
시작된 순간부터 정리되어 있어요.

시각=0

우주가 무에서 갑자기 생겨났다. 무한히 작고 뜨거웠던 작은 점(또는 '특이점')이 시공간의 시작이었다. 이 점에서는 일반적인 물리 법칙이 통하지 않았다.

0.001초~1초

최초의 **양성자**(수소 원자핵)와 **중성자**가 만들어졌다. 우리 주변에 있는 모든 물질은 이 최초의 순간에 만들어진 양성자와 중성자로 구성된다.

3분~20분

핵합성이 계속되면서 일부 수소 핵이 결합해 헬륨 핵이 되었다. 20분이 지나자 핵합성을 계속하기에는 너무 차가워졌다. 전체 물질의 약 75%는 여전히 **수소**였고 25%는 **헬륨**이었다.

38만 년

수소와 헬륨 핵이 전자를 잡아 **원자**가 될 수 있을 만큼 우주가 충분히 차가워졌다. 그 전에는 원자가 만들어지자마자 방사선 때문에 찢어져 버렸을 것이다.

0초~0.0001초

양성자만 했던 우주가 순식간에 커지면서 1조분의 1초를 1조 개로 나누고 또 10억 개로 나눈 짧은 시간 동안 10^{30}배로 커졌다. **팽창**이 끝나자 우주는 자몽만 해졌다.

· 초기 우주와 에너지 ·

이 작은 우주에는 입자는 없고 다양한 종류의 에너지만 있었다. 에너지는 완전히 고르게 퍼져 있지 않았다. 곳곳의 에너지 양이 서로 달랐고, 가장 밀도가 높은 곳에서 별과 은하가 만들어졌다.

0분~3분

우주가 충분히 냉각되자 **핵합성**이라는 과정을 통해 일부 양성자와 중성자가 서로 달라붙을 수 있었다. 이렇게 해서 중수소와 헬륨의 핵이 만들어졌다. 중수소는 양성자 1개와 중성자 1개를 가지고 있어서 조금 더 무거운 수소이다. 헬륨은 양성자 2개와 중성자 2개를 가지고 있다. 이때 우주의 온도는 10억 도까지 떨어졌다.

수소   중수소   헬륨

38만 년

새롭게 생겨난 원자 사이로 광자가 지나갈 수 있게 되면서 우주 마이크로파 배경 복사가 나타났다. 처음으로 **광자**는 빛의 속력으로 공간을 자유롭게 이동할 수 있게 되었다. 광자의 파장은 주황색 영역에서 시작했다가 우주가 팽창하면서 계속 늘어났다. 지금은 **마이크로파**의 파장까지 이르게 되었다.

~1억 8천만 년

최초의 **별**이 태어나기 시작했다. 이 별들은 매우 뜨겁고 컸으며 수백만 년 동안만 지속되었다. 수소와 헬륨 이외의 원소는 이 별들에서 처음 생겨났다. 그 후 다음 세대의 별에는 더 많은 성분이 포함될 수 있었다.

· 새로운 별과 물질 ·

새로운 별은 기체와 먼지로 이루어진 거대한 구름에서 형성되었다. 구름은 회전하는 원반 모양으로 납작해지고, 원반의 중심은 핵융합을 시작할 수 있을 정도로 엄청나게 뜨겁고 밀도가 높은 상태가 되었다. 별이 수명을 다할 때는 새 물질이 우주에 쏟아져 나왔다.

나중에 생긴 별들은 이전 별의 물질을 재활용했다. 큰 별은 죽어서 물질을 우주에 되돌려주고, 이 물질은 다시 쓰일 수 있다.

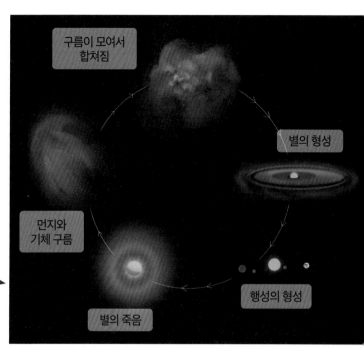

3억 2천만 년

우리에게 알려진 것 중에 가장 오래된 **은하**가 형성되기 시작했다.

70억 년(80억 년 전)

우주의 **팽창 속도**가 빨라지기 시작했다.

92억 5천만 년(45억 5천만 년 전)

만들어진 지 얼마 되지 않은 **지구**가 화성만 한 행성 '테이아'와 충돌하면서 **달**이 생겼다.

4억 년~8억 년

우리은하가 만들어지기 시작했다.

92억 년(46억 년 전)

태양계가 형성되기 시작했다.

찾아보기